러시아 내 북한 노동자에 대한 초국가적 억압과 착취

제재와 지정학적 긴장으로 인한 북한 노동자 인권실태 재조명

김유니크

러시아 내 북한 노동자에 대한 초국가적 억압과 착취:
제재와 지정학적 긴장으로 인한 북한 노동자 인권실태 재조명

발행일: 2025.09.22.

저자: 김유니크

발행처: (사)북한인권정보센터

주소: (03190) 서울시 종로구 삼일대호 393(규당빌딩) 4층

홈페이지: nkdb.org | **전화:** 02-723-6045 | **이메일:** nkdbi@hanmail.net

저자와 출판사의 허락 없이 내용의 일부를 인용하거나 발췌하는 것을 금합니다.

ISBN 979-11-90000-56-7

감사의 글

본 보고서는 북한 노동자로 러시아에서 일했던 자신의 이야기를 들려준 15명의 증언자 분들의 귀중한 기여가 있어 작성될 수 있었습니다. 이들의 증언은 북한의 노동력 수출 프로그램의 인권 현실을 조명했으며, 조직적인 착취와 초국가적 억압에 시달리는 수만 명의 북한 주민의 목소리를 대변했습니다. 이들의 용기를 통해 북한 국경 안팎에서 북한 노동자가 겪고 있는 인권 침해의 실태를 밝혀낼 수 있었습니다.

아울러 본 보고서 진행과정 전반에 걸쳐 아낌없는 자문과 조언을 해준 업라이츠(UpRights)의 발레리 가바드(Valerie Gabard)와 누룰 아즈미(Nurul Azmi), 시빅 어시스턴스 센터(Civic Assistance Centre)의 스베틀라나 가누쉬키나(Svetlana Gannushkina), 메모리얼 인권 보호 센터(Memorial Human Rights Defense Centre)의 나탈리야 세크레타레바(Nataliya Sekretareva), NK뉴스의 안톤 소콜린(Anton Sokolin), 그리고 익명을 요구한 5명의 인권 변호사, 탐사 저널리스트 및 북한 관료 출신 등 전문가들의 통찰력에 깊은 감사를 표합니다.

또한, 본 연구에 힘을 보탠 북한인권정보센터 인턴 양정현, 로라 드므르네(Laura Demeulnaere), 메간 반 스텐셀(Megan Van Stensel), 이규봉의 공헌에 감사합니다. 이들의 소중한 헌신은 북한 인권 개선을 위한 세계적인 운동 확산에도 큰 도움이 되었습니다.

끝으로, 연구 수행부터 북한인권에 대한 인식 제고와 나아가 책임성 규명 노력 강화에 이르기까지 북한인권 개선의 다층적 접근에 관심을 가지고 본 프로젝트를 지원해주신 주한 네덜란드 대사관에 진심 어린 감사의 마음을 전합니다.

목차

초록	7
1. 서론	13
1.1 조사 배경 및 목적	13
1.2 조사의 지정학적 배경	15
1.3 조사 방법론 및 범위	18
2. 북한의 대(對)러시아 노동력 수출 역사	25
3. 북한 노동력 수출의 현대적 구조	31
3.1 북한 궁중 경제 체제에서 노동력 수출의 역할	31
3.2 군-경제 복합체의 전략적 동인	33
3.3 지휘의 최고점으로서의 조선노동당	35
3.4 공식 경제 기구로서의 내각	37
3.5 임시 경제 기구로서의 군부	40
3.6 최전선: 러시아 내 위장 명칭과 작전	41
4. 북한의 대러시아 노동력 수출의 절차적 특성	45
4.1. 북한의 노동자 모집 및 선발	47
4.2. 러시아의 북한 노동자 수용 및 등록 절차	52
5. 현장 관리 및 노동 조건	63
5.1. 현장 관리: 북한 밖에 존재하는 또 다른 북한	64
5.2. 착취적인 노동 조건	66
5.3. 작업장 내에서의 폭력	70
6. 작업장 밖에서의 생활	73
6.1. 주거와 사생활	73
6.2. 식료품 및 기본 생필품에 대한 접근성	74
6.3. 이동, 정보, 통신	75
6.4. 사상이념적 통제	76
7. 북한으로의 송환 및 재통합 과정	79
7.1. 재입국과 재통합의 일반적 과정	79
7.2. 강제 송환	80
7.3. 부상자 및 사망자의 송환	81
7.4. 코로나19 팬데믹이 귀환 여건에 미친 영향	82

8. 국제 인권법과 노동법의 적용 85
  8.1 국내 및 국제 의무의 위계 85
  8.2 강제노동에서 예속 및 노예화로의 심화 89
  8.3 책임의 그물망: 국가와 기업의 책임 96

9. 결론 105
  9.1 제재 이후 상황에 대한 종합적 고찰 105
  9.2 정책 권고안 106

  참고 문헌 119

  부록 1. 포괄적 전략 동반자 관계에 관한 조약 129
  부록 2a. 일방 국가 공민의 타방 국가 영역 내에서의 잠정적 노무 활동에 관한 협정(러시아어 원본) 137
  부록 2b. 일방 국가 공민의 타방 국가 영역 내에서의 잠정적 노무 활동에 관한 협정(한국어 번역본) 147
  부록 3a. 불법 입국자 및 체류자 인도·인수에 관한 협정(러시아어 원본) 153
  부록 3b. 불법 입국자 및 체류자 인도·인수에 관한 협정(한국어 번역본) 167
  부록 4. 경제무역참사부와 경제협조단, 경제실무대표단의 대외경제사업규정 177

초록

2024년 북한과 러시아 간 '포괄적인 전략적 동반자 관계에 관한 조약'(Treaty on Comprehensive Strategic Partnership, 이하 '북러 신조약' 또는 '신조약') 체결과 전례 없는 우크라이나로의 북한군 파병으로써 더욱 강화된 북·러 군사 동맹은 북한의 오랜 해외 노동자 파견을 북한 정권의 지정학적·전략적 목표에 부합하는 군사적 장치로 변모시켰다. 외화벌이 수단으로 시작된 북한의 노동력 수출은 이제 전 세계 안보에 영향을 미치는 국가 주도 착취 시스템으로 발전한 것이다.

본 보고서는 2017년 이후 러시아에서 근무한 경험이 있는 북한이탈주민 15명과의 심층 인터뷰, 전문가 자문, 문헌 연구를 바탕으로 진행한 러시아 내 북한 노동자의 현주소를 조사하며, 북한 해외 노동자 수출을 해체하려던 유엔 제재가 실패했을 뿐만 아니라 역설적으로 인권 위기를 더욱 악화시켰음을 확인했다. 이로써 북한의 노동력 수출이 심각하고 제도화된 형태의 초국가적 억압임을 조명한다.

2017년 말, 유엔 안전보장이사회(United Nations Security Council, 이하 '안보리') 결의안 2375호와 2397호는 북한의 불법적인 대량살상무기 개발 자금을 차단할 목적으로 신규 노동 허가를 금지하고 2019년 12월까지 모든 북한 노동자의 송환을 의무화했다. 그러나 이러한 제재는 러시아의 적극적인 공모 하에 개발을 종식시키지 못하고 비공식적이고 더욱 불투명한 경로로 밀어 넣는 결과를 초래했다.

2025년 중반을 기준으로 약 15,000명의 북한 출신이 학생 비자와 소수의 관광 비자를 이용해 러시아에 체류하며 노동하고 있는 것으로 추정된다. 이러한 변화는 외국인 유학생에게 별도의 허가 없이 노동을 허용하는 2020년 러시아 연방법을 포함한 입법 및 행정적 지원에 의해 가능했으며, 이는 사실상 교육 교류를 가장한 제재 회피 시스템을 법제화한 것이다.

본 보고서의 주요 핵심은 다음과 같다.

1. **체계적인 제재 회피:** 노동 비자에서 학생 비자로의 전환은 새로운 부패 체계를 형성했다. 북한 회사는 이제 러시아 대학과 거래하며, 북한 해외 노동자의 비자 후원을 확보하고 출석 기록을 조작하기 위해 등록금과 뇌물을 지불한다. 이러한 협력이 불가능할 경우, 북한 노동자는 타인에게 발급된 학생 비자 사본을 사용하도록 지시받아 완전한 미등록 상태에 놓이게 된다. 미등록 노동자는 비자 문제를 눈감아주는 대가로 뇌물을 요구하는 러시아 경찰의 갈취에 특히 취약하다. 한편, 대학과 협력 관계를 확보한 기업은 부풀려진 임금 공제를 통해 등록금과 뇌물 비용을 노동자들에게 전가한다. 이 수법은 북한 대사관, 현지 대학, 러시아 고용주를 연결하며 수수료를 챙기는 '국제이주센터(Межгосударственный миграционный центр, MMC)'와 같은 준민간 중개 기관을 통해 더욱 제도화되었다. 위조되거나 복제된 서류의 광범위한 사용으로 공식 비자 데이터를 신뢰할 수 없게 되어, 러시아 내 북한 노동력의 실제 규모를 파악하기 어렵다.

2. **제재가 인권에 미치는 영향:** 비공식적이고 불투명한 학생비자 제도의 악용에 노출된 북한 노동자는 다음과 같은 방식으로 학대에 더욱 취약하게 된다. 첫째, 이들은 등록금과 알선 수수료 등 과도한 재정적 부담을 감당해야 하며, 불법적 신분으로 인해 학대 사실을 신고하거나 응급 의료를 포함한 필수 지원을 요청하기가 극도로 어렵다. 또한 제재로 인해 북한 기업의 공식 하도급 계약이 금지되면서, 노동자들은 엄격하게 부과되는 충성자금 할당량을 충족하기 위해 비공식 일자리를 직접 찾아야 하는 압박을 받는다. 결국 다수의 노동자가 불법적 지하경제에 편입되며, 이 과정에서 러시아 현지 경찰과 인력 브로커로부터 괴롭힘과 착취를 당할 위험이 더욱 높아진다.

3. **강제 노동에서 예속 및 노예화로:** 북한 노동자들이 겪는 상황은 국제노동기구(International Labour Organization, ILO)의 강제 노동 11개 지표 모두를 포괄적으로 충족한다. 여기에는 기만(예: 고용 계약서 부재), 신분증 압수, 임금 체불(예: 수입의 최대 90% 압수), 학대적

인 생활 및 노동 조건, 이동의 제한 등이 포함된다. 국제법 체계 하에서 이러한 체계적 착취는 강제 노동을 넘어선다. 유럽인권재판소(European Court of Human Rights, ECtHR)와 같은 기구의 판례법은 예속(servitude)을 심각한 형태의 강제 노동으로 정의하며, 그 특징은 개인의 자율성 상실과 자신의 처지를 바꿀 수 없는 상태이다. 이는 노동자들의 상황을 정확히 묘사한다. 러시아는 2022년 9월 유럽인권재판소에서 탈퇴했지만, 재판소는 이 날짜 이전에 러시아 영토 내에서 발생한 위반 행위에 대해 관할권을 유지한다. 더욱이, 북한 정권이 국제형사재판소 로마규정 제7조에 정의된 바와 같이 노동자들에 대해 '소유권에 부수하는 권능의 일부 또는 전부를 행사'하므로, 이러한 관행은 반인도적 범죄인 노예화(enslavement)의 법적 기준을 충족한다. 이러한 학대는 노예제 및 강제 노동 금지를 포함한 강행규범(*jus cogens*) 위반에 해당하며, 구속력 있는 국제법에 따라 북한과 러시아 모두에게 책임을 물어야 한다.

4. **군-경제 복합체:** 김정은 체제 하에서 노동력 수출 프로그램은 군-경제 복합체에 깊숙이 통합되었다. 핵 개발 추구는 재래식 군사 자원을 경제 활동으로 전용하는 것을 정당화했다. 조선노동당 제2경제위원회를 통해 대량살상무기 개발과 연결된 부대를 포함한 군부대들이 작전 자금을 자체 조달하기 위해 노동자로 파견되어, 민간인과 군인의 경계를 모호하게 하고 그들의 노동을 정권의 전략적 목표와 직접적으로 연결시킨다.

5. **러시아의 적극적 인권 보호 의무 위반:** 국제법에 따라 러시아는 자국 관할권 내 모든 개인을 인권 침해로부터 보호해야 할 적극적 의무가 있다. 본 보고서는 러시아가 이 의무를 심각하게 위반했음을 밝힌다. 러시아의 역할은 단순한 태만을 넘어 북한의 강제노동 체계에 대한 적극적인 공모에 해당한다. 러시아는 사기성 비자 제도를 조장하고, 신빙성 있는 학대 혐의 조사를 불이행했으며, 2016년 양자 협정을 통해 탈출을 시도한 북한 노동자의 인도를 공식화하였다. 이러한 일련의 조치는 국제위법행위에 대한 국가책임에 관한 국제법위원회 초안(International Law Commission's Draft Articles on Responsibility of States for Internationally Wrongful Acts)'에 반영된 국제관습법의 원칙에 비추어 볼 때, 러시아가 명백한 공범임을 보여준다. 나아가 러시아 당국은 국제 망명 기준을 일관되게 무시하고 자국 영토 내에서 발생하는 인권 침해에 대응하지 않음으로써, 이 억압 구조에서의 역할을 공고히 하였다.

본 보고서는 안보 중심의 현행 제재가 북한의 노동력 수출 체계를 효과적으로 해체하지 못했을 뿐만 아니라, 오히려 러시아와 북한 제재 회피 전략을 통해 체계의 착취적인 특징들을 더욱 고착화시켰음을 밝힌다. 이는 기존 제재의 한계와 함께, 인권 보장이 안보 달성을 위한 부차적인 요소가 아니라 핵심적 수단임을 시사한다. 북한 노동자에게 소득에 대한 통제권을 부여하고, 신분증 소지 및 이동의 자유를 보장하는 등 기본적 권리를 보호하는 조치는 북한 정권의 외화 획득 능력을 제약하고, 권력 유지를 위한 강압적 통치 구조를 약화시키며, 제재 회피를 가능케 하는 불법 네트워크의 유인을 감소시킬 수 있다. 이처럼 인권의 실현은 단순한 도덕적 의무를 넘어, 세계 평화와 안보를 위협하는 구조적 요인을 완화하는 효과적인 경로로 기능할 수 있다.

이에 따라 본 보고서는 북한의 노동력 수출이 야기하는 인권 및 안보 문제의 상호연계성을 종합적으로 고려한 정책적 대응의 필요성을 제기하며, 다음과 같은 정책 권고안을 제시한다. 본 권고안은 러시아 정부, 북한 정부, 러시아 내 고용 기업, 국제사회를 주요 대상으로 하며, 북한 노동자의 고용에 있어 이들의 권리와 개인적 주체성을 보장할 수 있는 '원칙적 관여(principled engagement)'를 제안한다. 또한, 이러한 접근법이 실효성을 갖기 위해서는 각 이해관계자가 그 이행과 관리에 있어 공동의 책임을 분담해야 함을 강조한다.

러시아 정부 대상 권고안:

- 학생 비자의 남용을 중단하고, 국제사회와 협력하여 북한 노동자 고용을 위한 합법적 경로를 마련한다. 이는 노동자의 임금 보호 메커니즘과 북한의 금지된 무기 개발의 자금 전용을 방지하는 안전장치를 조건으로 포함한다.
- 모든 부문에 걸쳐 기업의 인권 실사를 의무화하는 법안을 제정하고, 신뢰할 수 있는 집행 메커니즘과 미준수 시 처벌 규정을 마련한다.

북한 정부 대상 권고안:

- 임금과 근로 조건을 보장하는 서면 계약을 의무화하고, 임의 공제 및 임금 착취를 금지하며, 근로자가 직접 임금을 수령할 수 있도록 하여 노동자 학대를 방지한다.
- 해외 노동 수익이 무기 개발을 포함한 금지된 활동에 사용되는 것을 중단하고, 제3자 재무 감사를 통한 검증 하에 해당 자금을 의료, 교육, 사회복지에 전용할 것을 약속한다.

그 외 정부 및 다자간 협의체 대상 권고안:

- 북한 국적자 고용에 대한 전면적 금지를 원칙적 관여에 기반한 체계적인 협력 구조로 대체한다. 이는 제3자가 관리하는 에스크로 계좌 및 인도적 지원 형태의 현물 보상 등 임금 보호 장치를 포함한다.
- 러시아 내에서 탈출을 시도하는 북한 노동자에 대한 망명 경로를 확대하고, '세이프 하버 프로토콜(Safe Harbor Protocol)' 채택 및 인접국 내 긴급 경유 시설 설립을 추진한다.

기업 대상 권고안:

- 유엔 기업과 인권에 관한 지침 원칙(United Nations Guiding Principles on Business and Human Rights, UNGPs) 및 EU 기업 지속가능성 실사 지침(European Union Corporate Sustainability Due Diligence Directive, CS3D) 등 국제 기준에 부합하는 강화된 인권 실사 절차를 이행한다. 이를 통해 근로자에 대한 직접 임금 지급과 작업장에서의 독립적인 모니터링을 보장한다.
- 의무적 보험 적용, 강제 가능한 안전 기준, 공급망 전반에 걸친 노동 조건에 대한 투명한 공개 보고를 포함한 포괄적인 직장 내 보호 조치를 보장한다.

CHAPTER 1
서론

1.1 조사 배경 및 목적

북한과 러시아의 외교관계는 러시아-우크라이나 전쟁이라는 용광로를 거치며 긴밀한 군사 동맹으로 재편되었고, 이는 북한군 파병으로 정점에 달했다.[1] 이러한 군사적 움직임이 국제 안보에 끼친 파장은 상당했으나 인권의 측면에서 갖는 함의는 상대적으로 주목받지 못했다. 북한의 군 파견은 기존에 노동력을 수출하는 관행이 군사적 수단으로까지 확장·상품화되고 있음을 보여준다. 과거에는 노동자를 해외로 보내 외화 획득을 목적으로 삼았지만, 현재는 러시아와의 군사 동맹을 강화하기 위해 군대까지 동원하는 것이다.[2]

수십 년간 북한은 러시아에 노동자를 파견해 왔으며, 이는 1967년 북한과 구소련 간 협정을 통해 처음 공식화되었다.[3] 그러나 이러한 사실은 북한이 해외 노동자 임금을 대량살상무기 개발 자금으로 사용한다는 증거가 포착된 2010년대 중반까지 국제 사회의 감시망을 상당 부분 벗어나 있었다. 이에 유엔 안보리는 2017년 말, 결의안 2375호와 2397호를 채택하여 북한 국적자에 대한 신규 해외파견 노동 허가를 즉시 금지하고 기존의 모든 파견 노동자를 대상으로 2년 이내 송환을 의무화

---

1. 본고 제1.2절, "조사의 지정학적 배경" 참조.
2. 김유니크, "북한군의 러시아 파병과 인권 중심의 패러다임 전환," (NKDB 이슈브리프, 2024.12.23.), <https://nkdb.org/notic/?bmode=view&idx=136176021>
3. 본고 제2장, "북한의 대러시아 노동력 수출 역사" 참조.

했다.[4] 그러나 제재 조치는 북한 노동자 파견을 종식시키기보다 오히려 이들을 법적 보호에서 소외시키는 결과를 초래했다. 현재는 약 15,000명의 북한 노동자가 비노동 비자로 러시아에서 계속 체류하며 일하는 것으로 추정된다.[5]

북한의 노동력 수출은 시간이 지나면서 고도로 제도화된 초국가적 억압(transnational repression, TNR) 시스템의 하나로 발전했으며, 단순한 수익 창출을 넘어 해외 거주 노동자의 순응과 충성을 확보하고 평양의 통제 기제를 국경 밖으로 확장하도록 설계되어 있다. 북한 당국은 노동자의 임금을 편취할 뿐만 아니라, 출국 후 여권을 압수하고 현장에 국가보위성 요원을 배치하며 지정된 작업장과 숙소 외 이동에 대한 사전 승인을 의무화하는 등 다양한 억압 수단을 동원한다. 북한인권정보센터(Database Center for North Korean Human Rights, NKDB)는 해외 근로 경험이 있는 북한이탈주민을 대상으로 인터뷰를 진행하며 북한 안팎에서 노동자의 기본적인 자유와 인권이 심각하게 침해되는 실태를 지속적으로 보고해왔다.[6]

본 보고서는 기존의 초국가적 억압 연구가 주로 정치적 반체제 인사에 초점을 맞춘 것과 달리, 도주나 '사상적 오염'의 가능성을 선제적으로 무력화하도록 설계된 체계 하에서 해외에 파견된 북한 노동자 집단을 심층적으로 분석한다. 이를 통해 북한이 노동자를 착취하기 위해 사회정치적 통제를 구축하고, 이러한 '초국가적 억압 메커니즘'을 글로벌 경제 전략에 내재화하는 방식을 보여준다. 분석은 북한인권정보센터의 선행 연구를 기반으로, 2017년 유엔 제재 이후 '비공식 노동으로의 전환'에 초점을 맞추어 러시아 내 북한 노동자의 인권 취약성이 어떻게 악화되었는지 밝힌다. 이러한 경향은 북·러 전략적 동맹의 심화라는 맥락 속에서 나타나며, 양국의 동맹은 북한 노동자 착취와 초국가적 탄압 체제가 지속될 수 있는 이례적인 환경을 제공한 것으로 볼 수 있다.

---

4. "North Korea: UN imposes fresh sanctions over missile tests," BBC, December 23, 2017, <https://www.bbc.com/news/world-asia-42459670>
5. Matthew Luxmoore, Dasl Yoon, and Kate Vtorygina, "North Korean Leader Kim Jong Un's Latest Gift to Russia Is Migrant Workers," *The Wall Street Journal*, May 5, 2025, <https://www.wsj.com/world/asia/kim-jong-uns-latest-gift-to-russia-is-migrant-workers-916693a4>
6. 북한인권정보센터는 북한 해외 노동자의 인권 침해 실태를 기록하며 관련 보고서 3편을 발표했다. 『러시안드림: 러시아 지역 북한 노동자의 근로와 인권 실태』(2016), 『북한 밖의 북한』(2016), 『북한 해외 노동자 현황과 인권실태』(2015)가 있으며, 특히 첫 번째 보고서는 1970년대부터 2015년까지 러시아에서 근무한 북한 노동자의 실태를 상세히 다뤘다.

1.2 조사의 지정학적 배경

2025년 1월, 키이우의 한 구금 시설에서 촬영된 영상이 공개되면서 북·러 동맹의 참혹한 실상과 함께 이와 대조되는 인간적 측면이 드러났다.[7] 영상에는 러시아의 우크라이나 침공을 지원하기 위해 파병된 11,000명의 북한군 중 생포된 두 병사가 등장했다. 혼란스럽고 앳되어 보이는 이들의 모습은 기존에 제기되었던 파병된 북한군이 고도로 숙련된 보병 부대일 것이라는 관측에 의문을 제기했다.[8] 이후 신원이 확인된 리OO(26세)와 백OO(21세)와의 인터뷰에서는 이들이 전투 지역으로 향한다는 사실을 사전에 인지하지 못한 채 파병되었으며, 가족조차 이들의 행방을 모르고 있었다는 참혹한 진실이 밝혀졌다.[9] 또한 한 병사는 북한으로 송환될 경우 처형될 것을 우려하며, 대한민국으로 망명하고 싶다는 의사를 명확히 밝히기도 했다.

북한군 생포는 2024년 10월 북한군 주둔 사실이 처음 알려진 이후 평양과 모스크바가 수개월동안 북한군 파견을 공식적으로 침묵하는 가운데 발생했다.[10] 북한과 러시아가 북한군의 참전을 공식 인정한 것은 2025년 4월이 되어서였다.[11] 쿠르스크(Kursk) 지역 배치는 이전까지 군수품 지원에 한정되었던 북한의 전쟁 개입이 중대하게 격상되었음을 의미했다. 2023년 8월부터 2025년 3월까지 북한은 약 420만~580만 발의 탄약을 러시아에 제공한 것으로 추정된다.[12] 2025년 6월에는 전쟁으로 파괴된 쿠르스크 지역의 지뢰 제거와 재건을 위해 군 관련 인력 5,000명

---

7. Adam Pourahmadi and Audry Jeong. "Zelensky offers to release captured North Korean soldiers in exchange for Ukrainian soldiers held in Russia," CNN, January 13, 2025, <https://edition.cnn.com/2025/01/12/europe/north-korean-soldiers-interrogation-video-ukraine-intl-latam/>
8. Kelly Ng, "What we know about North Korean troops fighting Russia's war," BBC, December 24, 2024, <https://www.bbc.com/news/articles/cm2796pdm1lo>
9. 정철환, "[단독] '北에서 포로는 변절, 한국 가고 싶다' 전장서 붙잡힌 북한군 인터뷰," 『조선일보』, 2025.2.20., <https://www.chosun.com/international/international_general/2025/02/19/2BJNO4FH2RGNDHZZDGW2NSGUC4/>
10. Jim Garamone, "Pentagon Says 10K North Korean Troops in Kursk Oblast," U.S. Department of Defense, November 4, 2024, <https://www.defense.gov/News/News-Stories/Article/Article/3955757/pentagon-says-10k-north-korean-troops-in-kursk-oblast/>
11. Joel Guinto and Jean Mackenzie, "N Korea confirms it sent troops to fight for Russia in Ukraine war," BBC, April 28, 2025, <https://www.bbc.com/news/articles/ckg25wxvpy2o>
12. Alessio Armenzoni, et al. "Brothers in Arms: Estimating North Korean Munitions Deliveries to Russia," Open Source Centre, April 15, 2025, <https://www.opensourcecentre.org/research/brothers-in-arms>

과 공병 1,000명을 추가 파병하겠다고 약속했다.[13] 북한은 이제 단순한 무기 지원을 넘어 자국민까지 희생시키며 러시아의 전쟁에 참전하고 있으며, 이는 국제법을 명백히 위반하는 침략 행위이다.

러시아와의 동맹을 통해 북한은 상당한 수준의 첨단 군사 장비와 기술 지원을 확보한 것으로 보인다. 2025년 5월 다국적제재모니터링팀(Multilateral Sanctions Monitoring Team)이 발표한 조사에 따르면, 러시아는 최소 1기 이상의 판치르-S1 방공 시스템, 대공미사일, 전자전 장비 등을 북한에 전달했다.[14] 또한 우크라이나 정보국은 2024년 말 실전 테스트 과정에서 러시아가 북한 기술자의 KN-23 탄도미사일의 정확도 결함 해결을 지원했다고 보고했다.[15] 나아가 북한 노동자 25,000명이 러시아 드론 공장에 투입될 것이라는 보도는 양국의 군사 교류가 훈련까지 포괄한다는 것을 시사한다.[16]

러시아의 군사 기술 이전은 북한의 장기적 전략에 부합하며, 동시에 제재로 인해 점차 고립되어 온 북한에게 즉각적인 경제적 생명줄을 제공한다. 파병된 북한군은 러시아 파견 노동자와 유사하게 매월 약 2,000달러를 벌고, 대부분은 북한 정권에 경화(hard currency)의 형태로 송금될 것으로 추정된다.[17] 이러한 송금은 제재 대상인 대량살상무기 개발에 전적으로 활용될 가능성 역시 배제할 수 없지만,[18] 동시에 재정난에 직면한 북한 정권에 상당한 재정적 완화 효과를 가질 것으로 보인다.

---

13. Anton Troianovski, "North Korea Will Send 5,000 Workers to Russia, Kremlin Says," The New York Times, June 17, 2025, <https://www.nytimes.com/2025/06/17/world/europe/north-korea-workers-russia.html>
14. Multilateral Sanctions Monitoring Team, "Unlawful Military Cooperation including Arms Transfers between North Korea and Russia," Ministry of Foreign Affairs of Japan, May 29, 2025, <https://www.mofa.go.jp/press/release/pressite_000001_01321.html>
15. Thom Balmforth, "Exclusive: Ukraine sees marked improvement in accuracy of Russia's North Korean missiles," Reuters, February 6, 2025, <https://www.reuters.com/business/aerospace-defense/ukraine-sees-marked-improvement-accuracy-russias-north-korean-missiles-2025-02-06/>
16. "N.Korea to send workers to Russian drone factory to gain expertise." NHK WORLD-JAPAN News, 19 June 2025, https://www3.nhk.or.jp/nhkworld/en/news/20250619_05/
17. Taejun Kang, "Russia pays North Korean soldiers about $2,000 a month: South's spy agency," Radio Free Asia, October 23, 2024, <https://www.rfa.org/english/korea/2024/10/23/north-korea-troop-kursk/>
18. Jieun Kim, "North Korean authorities begin to distribute Russian flour rations." Radio Free Asia, November 20, 2024, <https://www.rfa.org/english/korea/2024/11/20/north-korea-russian-flour-rations/>

북한과 러시아 간 군사·경제 협력은 2024년 6월에 초안 작성과 11월에 비준을 거친 '북러 신조약'을 통해 공식화되었다.[19] 이 조약은 냉전 시기인 1961년 구소련과 북한이 체결했던 '조·소 우호 협조 및 상호원조에 관한 조약'(1961 Treaty of Friendship, Cooperation, and Mutual Assistance, 이하 '조소 우호조약')과 같이 상호 방위 조항을 포함하고 있다. '북러 신조약' 제4조는 일방이 공격받을 시 타방이 즉각적인 군사 지원을 제공하도록 규정하는데, 이는 과거 '조소 우호조약'의 제1조를 계승하는 것이다.[20] 1961년 '조소 우호조약'은 소련 붕괴 직후 효력이 상실되었고, 이후 2000년에 체결된 후속 협정에서는 군사 지원 조항이 포함되지 않았다. 그러나 2024년 체결된 '북러 신조약'에 상호방위 조항이 재등장한 것은 김정은과 블라디미르 푸틴 체제 하에서 양국의 군사적 유대가 강력하게 복원되었음을 보여준다.

북·러 동맹의 역사는 1948년 당시 주요 강대국 중 하나인 소련이 처음으로 신생 국가였던 북한을 국가로서 승인하면서 시작되었다. 그러나 1990년대~2000년대 초반, 러시아는 서방과의 관계 개선을 추구하며 북한과 거리를 두었고, 북한의 초기 핵 개발을 저지하려는 국제적 노력에 동참했다.[21] 2000년 블라디미르 푸틴 러시아 대통령이 집권하면서 양국 관계는 개선되었지만, 당시 러시아는 여전히 북한의 핵 개발을 반대하여 갈등의 소지는 상존했다. 지난 10년 간, 러시아의 크림반도 병합과 북한의 지속적인 탄도미사일 시험 발사에 대한 다자적 제재로 인한 국제사회 압박이 심화되면서, 점차 양국간 동맹 관계가 재강화하는 배경이 마련되었다.

양국 관계가 현재 국면에 이르게 된 결정적 계기는 2022년 2월 러시아의 우크라이나 전면 침공이라 할 수 있다. 그해 3월, 북한은 러시아의 즉각 철군을 요구하는 유엔 결의안에 반대한 5개 회원국 중 하나였다.[22] 몇 달 뒤, 러시아는 중국과 함께 북

---

19. Katharine Viner, "Ukraine war briefing: North Korea ratifies landmark mutual defence pact with Russia," The Guardian, November 12, 2024, <https://www.theguardian.com/world/2024/nov/12/ukraine-war-briefing-north-korea-ratifies-landmark-mutual-defence-pact-with-russia>
20. Du Hyeogn Cha, "Implications of the DPRK-Russia 'Treaty on Comprehensive Strategic Partnership'," The Asan Institute for Policy Studies, October 8, 2024, <https://en.asaninst.org/contents/implications-of-the-dprk-russia-treaty-on-comprehensive-strategic-partnership/>.
21. Tong-Hyung Kim, "A Timeline of the Complicated Relations between Russia and North Korea," The Associated Press, September 13, 2024, <https://apnews.com/article/north-korea-russia-kim-jong-un-putin-timeline-336b51634fab28a34ec210a78866f4d9>
22. "General Assembly Overwhelmingly Adopts Resolution Demanding Russian Federation Immediately End Illegal Use of Force in Ukraine, Withdraw All Troops,"

한의 탄도미사일 시험 발사에 대응하기 위한 추가 제재 결의안에 거부권을 행사했다. 이는 2006년 이래 북한 관련 사안에서 러시아가 처음으로 거부권을 행사한 사례로, 북한이 국제사회의 외교적 압박에서 벗어날 새로운 국면을 열었다.[23] 북한과 러시아의 파트너십은 평화, 안보, 인권 규범에 대한 국제사회의 비난을 공동의 저항으로 전환하려는 전략적 인식에서 비롯되었다.

1.3 조사 방법론 및 범위

본 보고서는 유엔 안보리 결의안 2375호와 2397호 채택 이후 러시아 내 북한 노동자의 실태를 분석하기 위해 종합적인 연구 방법론을 적용하였다. 연구는 다음과 같은 세 가지 주요 출처를 활용하여 다각도로 접근했다. 첫째, 2017년 제재 채택 이후 러시아에서 근무한 경험이 있는 북한이탈주민과 심층 인터뷰를 진행했다. 둘째, 공개된 데이터, 법률, 문헌 자료를 검토했다. 셋째, 관련 분야 전문가와의 심층 자문을 거쳤다. 이러한 다각적 접근을 통해 러시아 및 북한 정부가 공개한 정보와 독립 전문가의 조사 결과, 피해 당사자들의 직접적인 증언 등을 교차 검증하여 분석의 신뢰도를 높였다.

러시아 현지에서 근무하다 대한민국으로 망명한 전 북한 노동자 15명과 진행한 심층 인터뷰는 본 연구의 초석으로, 2017년 9월 유엔 안보리 결의안 2375호 채택 이후 러시아에 파견되었거나, 결의안 2397호가 명시한 송환 시한(2019년 12월 22일) 이후에도 계속 근무했던 이들을 대상으로 진행되었다.[24] 인터뷰 대상자가 근무했던 지역은 프리모르스키 크라이(Primorsky Krai), 아무르주(Amur Oblast), 이르쿠츠크주(Irkutsk Oblast), 모스크바(Moscow)였으며 이들이 러시아를 떠난 시점은 2018년 봄과 2023년 가을 사이였다.[25] 14명은 건설업에, 1명은 임업에 종사했는데 이들 중 일부는 통역, 요리, 의료, 운전 등 소속 산업과 직접 관련이 없는 업무를 수행하기도 했다. 또한 인터뷰 대상자 중 11명은 민간인 노

United Nations Meetings Coverage and Press Releases, March 2, 2022, <https://press.un.org/en/2022/ga12407.doc.htm>
23. Samantha Beech, "China and Russia veto new UN sanctions on North Korea for first time since 2006," CNN, May 27, 2022, <https://edition.cnn.com/2022/05/26/asia/us-north-korea-united-nations-intl-hnk>
24. 모든 인터뷰는 대상자가 서면에 의한 사전 동의를 제공한 이후에만 진행되었다. 인터뷰에 앞서 연구의 목적과 응답 내용의 활용 방식에 대해 충분히 설명하였으며, 대상자는 언제든지 참여를 거부하거나 개별 질문에 대한 응답을 생략할 수 있는 권리가 있음을 명확히 고지하였다. 이와 같은 결정에 어떠한 불이익도 따르지 않음을 분명히 하였다.
25. 유엔 제재가 채택된 지 1년 이내인 2018년에 탈북한 인터뷰 참여자들 또한, 러시아에서의 신분 서류 관련 변화에 대해 증언할 수 있었다.

동자였으며, 그중 2명은 통상 군인들이 주로 근무하는 건설회사에서 일한 민간인 전문가였다. 그 외 4명은 군 의무복무의 일환으로 러시아에서 근무한 군인이었다.

표 1. 심층 인터뷰 대상 북한 해외 노동자 주요 정보

번호	근무지 이탈 연도	노동자 유형	소속 산업	북한 내 거주지 (군 복무지)
인터뷰 1	2021	군인	건설	자강도 (평양)
인터뷰 2	2022	민간인	건설	평양
인터뷰 3	2020	군인	건설	평안남도 (평양)
인터뷰 4	2022	민간인	건설	평안남도
인터뷰 5	2023	군인	건설	평안남도 (평양)
인터뷰 6	2021	민간인	건설	평양
인터뷰 7	2021	민간인	건설	평양
인터뷰 8	2018	민간인	건설	평안남도
인터뷰 9	2018	민간인	건설	평양
인터뷰 10	2020	군인	건설	평안북도 (평양)
인터뷰 11	2018	민간인	건설	평양
인터뷰 12	2018	민간인	건설	평양
인터뷰 13	2019	민간인	벌목	평양
인터뷰 14	2019	민간인	건설	평양
인터뷰 15	2023	민간인	건설	평양

심층 인터뷰는 다음과 같은 세부 범주에 초점을 맞춰 진행하였다.

1. **파견 전 절차:** 해외 노동자 선발 및 파견 과정에서 북한 정부 기관이 수행하는 역할을 다루었다. 또한, 선발 과정의 공정성, 고용 계약서의 유무, 사전동의 수준을 검토했다.
2. **출입국 절차:** 북한과 러시아 간 이동에 관한 행정적·법적 측면을 다루었다. 여기에는 이동 수단, 러시아 입국 시 사용된 비자 등 서류 종류, 출국 및 입국 시의 보안 검색 절차가 포함된다.
3. **개인 서류 및 재정 통제:** 노동자의 여권 등 개인 서류 소지 여부와 독립적 재정 관리를 위한 개인 은행 계좌 접근 정도를 조사했다.
4. **현장 관리 및 근로 조건:** 보고 체계를 포함한 작업 현장 관리 시스템을 다루었다. 임금, 업무 강도, 휴식, 산업 안전, 현장 상해 시 의료 서비스 접근성 등 핵심적인 근로 조건도 검토했다.
5. **생활 조건:** 주거의 자율성 및 적절성, 식사, 위생, 필수품 접근성 등 노동자의 업무 외 삶의 질에 초점을 맞췄다. 또한, 작업장 외부에서 보장되는 사생활 수준을 조사했다.
6. **이동, 정보 및 통신:** 노동자가 직장 및 숙소 밖으로 자유롭게 이동할 수 있는 정도, 정보 접근권, 북한에 남은 가족과의 통신 수단 등을 다루었다.
7. **기타 인권 문제:** 사상 주입 메커니즘, 신체적·정신적 폭력, 기타 억압과 학대의 발생 여부를 검토했다. 아울러 북한 귀환 절차와 러시아 근무 중 코로나19를 겪은 이들에 대한 백신 및 보건 조치 제공 여부도 포함했다.

본 보고서는 러시아의 노동 허가 및 비자 발급 관련 공개 데이터, 북·러 양자 협정, 러시아 노동법을 포함한 이주노동자 관련 국내법, 북한의 대외경제 관련 규정, 각종 언론 기사, 유엔 전문가패널 및 다자제재감시단의 조사 보고서 등을 종합적으로 검토했다. 또한, 전직 북한 고위 관료, 러시아 외 국가에서 근무했던 전직 북한 노동자, 국제인권변호사, 탐사보도 전문기자, 러시아 내 북한 및 이주 노동자 지원 경험이 있는 변호사를 비롯한 총 10명의 전문가에게 자문을 받았다.

표 2. 자문 전문가 구성 및 전문 분야

번호	배경/전문 분야
전문가 1	조선노동당 중앙위원회 근무 경력이 있는 북한이탈주민
전문가 2	유엔 안보리 결의안 2375호 및 2397호 채택 이전 러시아 근무 경력이 있는 북한이탈주민
전문가 3	중동 주재 북한 경제영사 대표부 근무 경력이 있는 북한이탈주민
전문가 4	북러 관계 전문 탐사보도 기자
전문가 5	북러 관계 전문 탐사보도 기자
전문가 6	국제노동기구 협약, 유엔 기업과 인권 이행지침 등 국제 노동 기준 전문 변호사
전문가 7	국제 인권 조약 전문 변호사
전문가 8	*F.M. and Others v. Russia* 사건(2024년 유럽인권재판소 판결) 담당 변호사
전문가 9	러시아 내 탈북민 지원 경험이 있는 변호사
전문가 10	북한 해외 노동자 문제 전문 탐사보도 기자

본 보고서는 연구 결과를 바탕으로, 국제법의 강행규범을 우선적으로 고려하여 러시아 내 북한 노동자의 노동·인권 실태를 러시아의 국내법 및 국제법상 의무와 비교·분석하였다. 이 분석은 아래 표에 제시된 주요 법률 및 규제 체계를 핵심 분석 틀로 활용했다. 보고서 결론에서는 북한의 착취와 초국가적 억압 메커니즘에 대응하기 위한 정책 제언을 제안하며, 제재의 근간을 이루는 안보적 우려를 완화하는 동시에 북한 주민이 외부 세계와 안전하게 교류할 수 있는 경로를 보장하는 혁신적 대안을 제시한다.

표 3. 분석에 사용된 주요 법적 프레임워크

국내법 및 규정	**러시아:** 헌법(1993년 채택); 노동법(2001년 채택); 외국인 및 무국적자의 이주 등록에 관한 연방법 제109-FZ호(2006년 채택); 러시아 연방 내 외국인의 법적 지위에 관한 연방법 개정 연방법 제110-FZ호(2006년 채택) **북한:** 경제무역참사부와 경제협조단, 경제실무대표단의 대외경제사업규정(2020년 채택)
북·러 양자 협정	일방 국가 공민의 타방 국가 영역 내에서의 잠정적 노무 활동에 관한 협정(2007년 서명); 불법 입국자 및 체류자 인도·인수에 관한 협정(2016년 서명); 포괄적 전략 동반자 관계에 관한 조약(2024년 체결)
다자 조약	**유엔:** 유엔 헌장(Charter of the United Nations, UN Charter; 1945년 소련 비준; 1991년 북한 가입); 조약법에 관한 비엔나 협약(Vienna Convention on the Law of Treaties, VCLT; 1986년 소련 비준); 시민적 및 정치적 권리에 관한 국제규약(International Covenant on Civil and Political Rights, ICCPR; 1973년 소련 비준; 1981년 북한 비준);

다자 조약	경제적, 사회적 및 문화적 권리에 관한 국제 규약 경제적·사회적·문화적 권리에 관한 국제규약(International Covenant on Economic, Social and Cultural Rights, ICESCR; 1973년 소련 비준; 1981년 북한 비준); 고문 및 그 밖의 잔혹한, 비인도적인 또는 굴욕적인 대우나 처벌의 방지에 관한 협약 (Convention against Torture and Other Cruel, Inhuman or Degrading Treatment or Punishment, CAT; 1987년 소련 비준); 모든 형태의 인종차별 철폐에 관한 국제협약(International Convention on the Elimination of All Forms of Racial Discrimination, ICERD; 1969년 소련 비준); 유엔 국제조직범죄방지협약(United Nations Convention against Transnational Organized Crime, UNTOC; 2004년 러시아 비준); 반부패협약(United Nations Convention against Corruption, UNCAC; 2006년 러시아 비준) **국제노동기구:** 강제 노동 협약(Forced Labour Convention, No. 29; 1956년 소련 비준) 및 2014년 의정서(Protocol of 2014 to the Forced Labour Convention; 2019년 러시아 비준); 결사의 자유 및 단결권 보호 협약 제87호(Freedom of Association and Protection of the Right to Organise Convention, No. 87; 1956년 소련 비준); 단결권 및 단체교섭권 원칙의 적용에 관한 협약 제98호(Right to Organise and Collective Bargaining Convention, No. 98; 1956년 소련 비준);

다자 조약	강제노동의 폐지에 관한 협약 제105호(Abolition of Forced Labour Convention, No. 105; 1998년 러시아 비준); 고용 및 직업상의 차별에 관한 협약 제111호(Discrimination (Employment and Occupation) Convention, No. 111; 1961년 소련 비준); 산업안전보건과 직업환경에 관한 협약 제155호(Occupational Safety and Health Convention, No. 155; 1998년 러시아 비준); 산업안전보건 증진체계에 관한 협약 제187호(Promotional Framework for Occupational Safety and Health Convention, No. 187; 2011년 러시아 비준); 동일가치 동일보수에 관한 협약 제100호(Equal Remuneration Convention, No. 100; 1956년 소련 비준); 주40시간 근로시간 단축에 관한 협약 제47호(Forty-Hour Week Convention, No. 47; 1956년 소련 비준); 주휴(공업) 협약 제14호(Weekly Rest (Industry) Convention, No. 14; 1967년 소련 비준); 주휴(상업 및 사무) 협약 제106호(Weekly Rest (Commerce and Offices) Convention, No. 106; 1967년 소련 비준) **기타:** 유럽인권협약(European Convention on Human Rights, ECHR; 1996년 러시아 가입; 2022년 탈퇴)

CHAPTER 2
북한의 대(對)러시아 노동력 수출 역사

75년이 넘는 기간 동안, 북한의 대(對) 러시아 노동력 수출은 급격한 정치·경제적 변화에 적응하며 놀라울 정도의 회복탄력성을 갖춘 전략적 사업으로 자리매김해 왔다. 북한의 대러시아 노동력 수출의 기원은 제2차 세계대전 직후로 거슬러 올라간다. 당시 구소련은 특히 극동 지역의 극심한 인력 부족에 시달렸고, 북한 지역은 높은 실업 문제에 직면했다.[26] 이에 대응하여 구소련 행정부는 한인 노동자를 자국의 어업, 임업, 농업 분야로 유치하기 위해 '조직적 모집'을 의미하는 '오르그나보르(*orgnabor*)' 제도를 도입했다. 초기 유입 규모는 상당하여 1946년부터 1949년 사이에만 26,000명 이상의 북한 주민이 사할린주(Sakhalin Oblast)에 도착했다.[27] 이처럼 초기 단계에서 노동자는 자발적 계약을 맺고 임금을 직접 수령했으며, 일정 수준의 자율성을 누릴 수 있었다.[28]

초기 북한의 노동자 파견은 구소련이 관리하는 사업으로 시작되었으나 1950년대 후반 북한이 점차 입지를 공고히 하면서 국가 대 국가 간 규제 방식으로 전환되었다. 1957년, 구소련과 북한은 구소련 영토 내로 공식 고용 없이 불법으로 국경을 넘는 북한주민 문제를 해결하기 위해 협약을 체결했다. 같은 해, 양국은 결혼이나 러시아 국민과의 가족 형성 등 다양한 상황에 놓인 북한 주민의 법적 지위를 규정하

---

26. Igor Bezik, "Участие граждан КНДР в хозяйственном освоении советского Дальнего Востока (1950-е начало 1960-х гг.)," *Известия Восточного Института*, vol. 17, no. 1 (2011).
27. Andrei Lankov, "North Korean Labor Export to the USSR/Russia: Why the Project Has Survived Against All Odds," *Russia in Global Affairs*, vol. 18, no. 3 (2020).
28. Igor Bezik, 각주 26, pp. 25.

는 조약에도 서명했다.²⁹ 이러한 일련의 협정은 이후 북한의 노동자 파견의 중앙집권적 통제로 나아가는 초기 단계에서 체결되었다.³⁰

북한 노동력은 1967년의 양자 간 벌목 협정을 전환점으로 통제권이 모스크바에서 평양으로 이전되며, 북한 정권의 외화벌이 수단으로 변모하기 시작했다. 벌목 협정은 평양이 목재와 같은 원자재 형태로 수익의 대부분을 편취하여 국제 시장에 재판매할 수 있도록 하는 '폐쇄적인 임금 분배 시스템'을 제도화했다.³¹ 결과적으로 노동자의 처우는 급격히 악화되었다. 이들은 고도로 통제된 팀 단위로 이동하며 삼엄한 감시가 이루어지는 벌목소에 파견되었고, 급격히 제한된 자유만이 허용되었다.

1991년 구소련의 붕괴 이후 모스크바와 평양 간의 교역이 거의 단절되면서 안정적이었던 대금지불과 물자 흐름이 중단되었고, 기존 북한 노동자 파견 시스템은 심각한 타격을 입었다.³² 구소련의 붕괴는 양측에 동시다발적으로 위기를 야기했다. 주요 후원국을 잃고 극심한 기근에 직면한 북한은 외화 확보에 필사적이 된 한편, 러시아는 산업 구조조정, 인구 감소, 노동력의 기술 불일치 문제에 직면하면서 저렴한 외국인 노동력에 대한 필요성이 급격히 증가했다. 낡은 구소련법에 의존하던 러시아는 1990년대 들어 허가증 기반의 이주 제도를 점진적으로 마련하는 등 법적·정치적 변화를 겪었다.³³ 그럼에도 불구하고 북한의 노동력 수출이 지속될 수 있었던 것은 값싼 노동력을 필요로 한 러시아와 외화가 절실했던 북한 양측의 경제적 이해가 맞아떨어졌기 때문이었다.³⁴

소련 붕괴 이후 북한 노동자 파견의 초점은 건설 산업으로 이동했다.³⁵ 이 시기는 하나의 핵심적인 역설로 특징 지어진다. 노동 조건은 극도로 열악하지만 해외 파견직을 얻기 위한 북한 주민 사이의 경쟁은 그 어느 때보다 치열해졌다.³⁶ 그 동기는 압도적으로 경제적인 것이었다. 노동자는 몇 년간 수천 달러를 모을 수 있었는데,

---

29. Andrei Lankov, 각주 27, pp. 25.
30. Tamara Troyakova, "Рабочая сила из КНДР на российском Дальнем Востоке: история и современное состояние," *Ойкумена*, no. 2 (2017), p. 82: Igor Bezik, "Участие граждан КНДР в хозяйственном освоении советского Дальнего Востока (1950-е начало 1960-х гг.)."
31. Andrei Lankov, 각주 27, pp. 25; Tamara Troyakova, 각주 30, pp. 26.
32. Andrei Lankov, 각주 27, pp. 25.
33. Olga Chudinovskikh and Oxana Kharaeva. "Migration policy towards skilled labor in the Russian Federation." *BRICS Journal of Economics*, vol. 1, no. 2, 2020.
34. Andrei Lankov, 각주 27, pp. 25.
35. Tamara Troyakova, 각주 30, pp. 26.
36. Andrei Lankov, "Северокорейские рабочие в России: критерии отбора и мотивация работников," *Вестник Санкт-Петербургского университета. Международные отношения*, vol. 13, no. 2 (2020).

이는 노동의 대가로는 불충분했지만 한 북한 가정의 삶을 바꿀 수 있는 수준의 금액이었으며, 종종 소규모 사업의 창업 자금으로 활용되기 충분했다.[37]

러시아의 재편된 법적 틀 안에서 북한의 노동력 수출을 공식화하기 위해, 양국은 2007년 8월 31일 '일방 국가 공민의 타방 국가 영역 내에서의 잠정적 노무 활동에 관한 협정(러시아 연방정부와 북한 정부간 시민의 임시고용에 관한 협정)'을 체결했다.[38] 2009년 12월 29일에 발효된 이 협정은 북한 주민들을 러시아의 공식적인 허가 기반 시스템에 통합시켰다(제4조). 그러나 동시에 이 협정은 직접적인 고용주 역할을 하는 북한 국영 기업과의 계약을 통해 노동자들의 임금 및 기타 근로 조건을 규제하도록 명시함으로써 평양의 통제권을 법적으로 보장했다(제6조).[39] 나아가 협정은 산업재해에 대한 보험 및 보상을 북한 고용주가 자국법에 따라 처리할 책임으로 규정함으로써 대부분의 사회복지 비용을 북한에 전가했다(제8조).[40]

2010년대 중반에 이르러, 북한의 노동력 수출 수익은 평양의 불법적인 대량살상무기 개발 자금으로 쓰인다는 증거가 기록되면서 국제 사회의 강도 높은 감시를 받게 되었다. 이에 북한인권정보센터를 포함한 여러 국내외 인권 단체는 현재까지 북한 해외 노동자가 국가 이익을 위해 체계적으로 착취당하고 있는 실태를 조사하고 기록하고 있다.[41] 한편 유엔, 유럽연합 및 국제 사회는 북한 주민의 해외 취업을 전면 금지함으로써 이러한 자금줄을 차단하기 위한 제재를 부과했다. 본 보고서에서 중점적으로 다룰 주요 제재는 다음과 같다.

- 유엔 안보리 결의안 2371호 (2017년 8월): 해외 파견 북한 노동자 총인원 상한선 설정
- 유엔 안보리 결의안 2375호 (2017년 9월): 유엔 회원국의 북한 국적자에 대한 신규 노동 허가 발급 금지

---

37. Ibid.
38. 본고 부록 2a/2b에서 러시아어 원본/영어 번역본 전문 참조.
39. 해당 협정은 다음의 세 주체를 명시하고 있다: ① 북한 회사에 하도급을 주는 러시아 측 "고객", ② 북한 노동자를 대표하며 하도급을 수주하는 북한 측 "고용주"(즉, 북한 회사), ③ 북한 회사에 소속되어 러시아 "고객"을 위해 일하는 북한 "노동자".
40. 해당 협정은 러시아가 응급 의료 서비스에 한해 무료로 제공하도록 규정하고 있다.
41. 박찬홍, 『러시안 드림:러시아 지역 북한 노동자의 근로와 인권 실태』 (서울: 북한인권정보센터, 2016);
Andrew Higgins, "North Koreans in Russia Work 'Basically in the Situation of Slaves'," The New York Times, July 11, 2017, <https://www.nytimes.com/2017/07/11/world/europe/north-korea-russia-migrants.html>

- 유엔 안보리 결의안 2397호 (2017년 12월): 2019년 12월 22일까지 기존의 모든 북한 노동자 송환 의무화[42]

안보 중심적 접근은 북한의 노동력 수출이 가진 경제 및 인권적 측면을 다루는 데 다소 한계가 있음을 드러냈다. 공식적인 경로가 막히자, 주재국인 러시아의 지속적인 노동 수요는 오히려 비공식적이고 불투명한 네트워크로의 전환을 촉진했다. 결과적으로 이러한 정책은 북한 주민의 불법 고용을 조장하면서도, 그들이 외부 세계를 탐색할 기본적인 권리를 보호해야 할 필요를 간과했다. '유엔 안보리 대북제재위원회 전문가 패널(United Nations Panel of Experts assisting the 1718 DPRK Sanctions Committee)'의 보고서, 현장 영상, 증거 등은 제재 시한이 한참 지난 후에도 수많은 북한 노동자가 러시아에 계속 체류하고 있음을 확인시켜 준다.[43] 러시아의 형식적인 제재 이행 하에, 대다수의 북한 노동자들은 이제 비노동 비자로 등록되거나 아예 미등록 상태로 놓여 있다. 이러한 불법적인 고용형태로의 전환으로 인해 북한 노동자의 근로환경 악화 및 인권 유린에 노출될 위험은 더욱 커졌다.

러시아에 파견된 북한 노동자는 평양에 직접적인 감독권을 부여한 양자 협정 하에서 체계적인 착취에 직면해 왔다. 하지만 제재의 부작용으로 인해 이들의 상황은 더욱 위태로워졌다. 이제 이들은 평양으로부터 통제를 받는 동시에 국제적 감시망 밖에서 비공식적으로 고용을 추진하는 러시아 기업에 노출되어 있다. 이러한 불투명성은 제재 회피를 용이하게 함으로써 북한의 착취적인 노동 관행을 가능하게 한 기업의 역할을 규명하고 책임을 묻는 것을 극도로 어렵게 만들었다. 특히 최근 러시아가 제재 이행을 감시하는 유엔 전문가패널의 임기 연장을 거부하면서 이러한 불투명성은 더욱 심화되었다.[44] 더욱이, 이들 노동자를 '비노동 외국인'으로 잘못 분류하

---

42. United Nations Security Council, Resolution 2371 (2017), S/RES/2371(2017), adopted August 5, 2017: United Nations Security Council, Resolution 2375 (2017), S/RES/2375(2017), adopted September 11, 2017: United Nations Security Council, Resolution 2397 (2017), S/RES/2397(2017), adopted December 22, 2017.
43. United Nations Security Council, Panel of Experts established pursuant to resolution 1874, *Final report of the Panel of Experts submitted pursuant to resolution 2680 (2023)*, UN doc. S/2024/215 (7 March 2024);
Jeong-won Lim, "Video shows North Korean workers working in Russia in violation of UN sanctions." Korea JoongAng Daily, April 15, 2025, <https://koreajoongangdaily.joins.com/news/2025-04-15/national/northKorea/Video-shows-North-Korean-laborers-working-in-Russia-in-violation-of-UN-sanctions/2285289>
44. Michael Gordon, "Russia Blocks Extension of North Korea Sanctions Monitoring," The Wall Street Journal, March 28, 2024, <https://www.wsj.com/world/russia/russia-blocks-extension-of-north-korea-sanctions-monitoring-51ada1f3>

는 것은 러시아 노동법의 적용 가능성을 무력화하는 법적 허점을 초래하여 노동자의 권리 침해에 대한 잠재적인 러시아 내 구제 수단마저 사용할 수 없도록 하고 있다.

CHAPTER 3
북한 노동력 수출의 현대적 구조

3.1 북한 궁중 경제 체제에서 노동력 수출의 역할

북한은 크게 '인민경제'와 '제2경제'로 나뉘는 이원적 경제 체제를 운영한다.[45] 전자가 내각이 주도하는 공식적인 계획 경제인 반면, 후자는 정권의 통치자금마련과 대량살상무기 개발과 같은 전략을 유지하기 위한 경제적 우선순위를 가진 병렬적 시스템으로 기능한다. 제2경제의 핵심은 전직 북한 은행가 김광진이 일컬은 '궁중 경제'에 있다.[46] 이원적 구조는 현지 통화인 북한 원(KPW)이 환전이 불가능하며 국경 밖에서는 사실상 가치가 없기 때문에 외화에 대한 지속적인 수요를 창출한다. 노동력 수출을 통한 외화송금은 이러한 수요를 충족시키는 주요 동력 중 하나로 작용한다.

소위 '통치자금'은 공식 국가 예산과 분리되어 공적 보고서에는 드러나지 않는다.[47] 이 자금은 내각 산하 재정성이 아닌, 악명 높은 39호실과 같이 조선노동당의

---

45. 임수호, 『북한 경제전략 변화의 정치동학』 (서울: 국가안보전략연구원, 2021).
46. Kwang Jin Kim, "The Defector's Tale: Inside North Korea's Secret Economy," *World Affairs*, vol. 174, no. 3 (2011), pp. 71-80.
47. Anna Fifield, "He ran North Korea's secret moneymaking operation. Now he lives in Virginia," The Washington Post, July 13, 2017, <https://www.washingtonpost.com/world/asia_pacific/he-ran-north-koreas-secret-money-making-operation-now-he-lives-in-virginia/2017/07/12/4cb9a590-6584-11e7-94ab-5b1f0ff459df_story.html>;
김대훈, "북한 노동당 39호실 '김정은 통치자금' 총괄하는 곳," 『한경』, 2016.2.14., <www.hankyung.com/article/2016021474691>

직접적인 지휘하에 있는 기관이 징수하고 통제한다. 군이 운영하는 방대한 공장과 기업 네트워크를 포함하는 제2경제는 인민경제보다 우선적으로 운영되며, 자원, 노동력, 전기에 대한 우선적인 접근권을 누려 사실상 공식 국가 경제 계획 밖에 있는 '제2의 내각'으로 기능한다.

제2경제의 동력 역할을 하는 노동력 수출의 운영은 조선노동당, 국가, 군부 내의 복잡한 기관망에 의존한다. 공공 기관과 그들이 통제하는 기업은 수익성 있는 사업을 운영하고 중앙에서 할당된 외화벌이 과제를 달성하여 핵심 사업의 자금을 조달하라는 압박을 받는다 (인터뷰 14).[48] 국내 경제가 갖는 외화 획득 기회가 제한적이므로, 노동력 수출은 이 목표를 달성하는 가장 효과적인 사업 중 하나로 부상했다. 자본이 부족한 국가 기관은 종종 북한의 신흥 자본가 계층(돈주)과 협력한다. 국영 기업의 보호와 합법성 아래에서 사업에 투자하는 신흥 자본가계층은 수익의 상당 부분을 상납하여 해당 국가 기관이 수익 목표를 달성시키도록 돕는다.[49] 이러한 공생 관계는 지시 체계와 시장 경제의 요소를 결합한 혼합 모델을 창출한다.

이렇게 창출되는 외화는 연간 수억에서 20억 달러 이상으로 추정되며, 유령 회사와 불법 금융 채널 네트워크를 통해 평양으로 다시 유입된다. 이렇게 유입된 '통치자금'은 공공복지를 위해 사용되지 않는다. 김 씨 일가의 사치스러운 생활을 지원하고, 특권층이 보여주는 지속적인 충성심에 대한 보상으로, 핵무기 및 탄도미사일 개발과 같은 전략적 프로그램을 촉진하는 데 사용되는 것이다. 본질적으로, 제2경제는 인민생활 향상을 위한 경제와 분리된 오직 정권의 생존을 최우선으로하는 비공식 국가 예산이다.

---

48. 김정은 국무위원장은 2014년 5월 30일 이른바 '5.30 조치' 연설을 통해 주체사상의 자립 원칙을 국내 경제 시스템에 적용한 방안으로 '사회주의기업책임관리제'를 제시하였으며, 같은 해 11월 기업법 개정을 통해 이를 법제화하였다. 이 제도의 기본적인 개념과 특징은 북한에서 발간된 간행물을 통해 확인할 수 있다.
예컨대 리창하는 "사회주의기업책임관리제는 우리 식의 독특한 기업관리방법"이라는 논문에서 해당 제도의 철학적 기반과 운영 방식에 대해 설명하고 있다:
리창하, "사회주의기업책임관리제는 우리 식의 독특한 기업관리방법," 『철학과 경제 연구』, 제2호(김일성종합대학 출판사, 2018).

49. 정영철, "북한 경제의 변화 시장, '돈주', 그리고 국가의 재등장," 『역사비평』, 제126호 (역사문제연구소, 2019), pp. 134-159.

3.2 군-경제 복합체의 전략적 동인

북한의 노동력 수출은 2011년 말 김정은이 집권한 이후 두 가지 주요 경향, 즉 권한의 재중앙집권화와 군의 경제적 역할 확대로 특징지어지는 중대한 변화를 겪었다. 경제 및 군사 기관 모두에 대한 권한의 재중앙집권화는 군의 경제적 역할 확대를 위한 기반을 제공했다. 기존에도 군사적 필요와 경제적 필요 사이의 균형은 시간이 지남에 따라 역동적으로 조정되어 왔다. 경제 발전과 안보적 요인을 동시에 중시했던 '경제건설과 핵무력건설 병진노선'(2013)에서 경제 중심의 '사회주의경제건설 총력집중노선'(2018)으로 전환되었다가, 최근 몇 년간 다시 군사 개발을 재강조하는 방향으로 변화하였다.[50] 이러한 일련의 노선 전환은 재래식 군사력의 일부를 경제 활동에 활용한다는 북한의 핵심 전략과 일관되게 맞닿아 있다. 나아가 권한의 재중앙집권화와 군의 역할 확대는 북한 노동력 수출과 긴밀하게 연결되어 왔다.

북한의 권한 재중앙집권화 과정은 2013년 12월 장성택 숙청으로 본격화되었다. 장성택은 처형 이전까지 조선노동당 행정부와 산하 대외건설지도국을 통해 반(半)독립적인 경제 네트워크를 운영하며 내각의 권한 밖에 있는 주요 사업들을 통제하였다. 그러나 그의 제거 이후 그동안 축적된 네트워크는 해체되었고 책임은 내각과 소속 부처로 이관되었다. 표면적으로는 내각의 권한 강화를 위한 조치로 포장되었지만, 실제로는 경쟁 권력 중심을 제거하고 외화벌이 사업을 국가 체계 내로 통합하여 보다 간편하게 관리하려는 전략적 중앙집중화의 일환이었다. 이러한 경향은 군부로까지 확장되어 총참모장 리영호(2012)와 인민무력부장 현영철(2015)의 해임으로 나타났다.[51]

두 번째 경향인 군의 경제적 기능 확대는 '경제건설과 핵무력건설 병진노선'에서 비롯되었다. 이는 신뢰할 수 있는 핵 억지력이 궁극적인 안보 보장을 제공할 수 있으므로, 재래식 군대에 대한 대규모 투자 필요성이 줄었다는 가정에 기반했다.[52]

---

50. 안경모, "'새로운 전략적 노선' 이후 북한의 국가전략: 균형전략으로의 재전환과 그 함의," 『한국정치연구』, 제32권 제1호 (서울대학교 한국정치연구소, 2023), p. 8.
51. 변외숙·허정필, "김정은 시기 북한군의 주요 활동 변화 연구: 비군사활동을 중심으로," 『국가보훈논총』, 제24권 제1호 (한국보훈학회, 2025).
52. 2013년 3월 전원회의에서 채택된 '경제건설과 핵무력 건설 병진노선'에 대한 북한의 정의 요약은 다음과 같다: ① 이는 김일성·김정일 동지가 철저히 구현한 '경제와 국방건설 병진노선'의 계승이며 심화·발전이다. ② 핵무기는 정치적·경제적 흥정의 대상이 아니라, 그 어떤 이유로도 포기할 수 없는 생명선이다. ③ 세계 비핵화가 실현될 때까지 핵무력을 질적·양적으로 확대 강화해 나갈 것이다. ④ 군사력과 작전전력의 핵심축으로서 핵무력의 전투태세를 완성해 나갈 것이다. ⑤ 국방비를 추가로 증가시키지 않으면서도 전쟁 억제력과 방어력을 결정적으로 향상시켜 경제건설과 인민생활 향상에 집중할 수 있는 길이다. ⑥ 주체적인 원자력 산업을 기반으로 핵무력을 강화하면서 전력 문제도 해결할 수 있는 합리적인 노

2014년에는 핵무기를 전담하는 네 번째 군종으로 전략군이 창설되면서 군 조직은 더욱 세분화되었다. 전문적 핵 임무의 조직적 분리를 통해 육군·해군·공군 등 일부 재래식 전력은 국내 건설, 해외 계약, 각종 수익 창출 활동에 동원될 수 있게 되었으며, 이에 따라 경제 정책을 뒷받침하는 노동력을 제공하는 역할을 수행하였다.

2017년 '국가 핵무력 완성' 선언 이후, 북한은 2018년 '사회주의경제건설 총력집중노선'을 채택했다.[53] 이로써 북한은 안보적 요인보다 경제에 보다 명확한 중점을 두었으며, 보병 부대를 축소하여 건설 여단을 확대하는 등 경제 목표를 지원하는 방향으로 군 구조를 조정했다.[54] 하지만 그후 4년 만에 대륙간 탄도미사일 시험을 재개한 2022년 4월 이후를 기점으로 다시 국방력 강화가 본격화되었다. 다만 군사 개발이 우선시되는 경우에도 이는 선택적으로 이루어지며, 재래식 군사력은 여전히 경제 작전을 뒷받침하는 역할을 수행한다. 따라서 수사적 강조가 전환되었음에도 불구하고, 핵개발을 포함한 국방 목표를 경제적으로 지원하기 위해 군사 자원을 활용하는 근본적인 패러다임은 일관되게 유지되어 왔다.

그러한 역학은 자기 강화적인 순환을 만들었다. 핵무기 개발에는 국가 노동력 수출 프로그램이 창출하는 외화가 필요하다. 이는 대량살상무기 개발을 자금적으로 지원하고, 경제 발전을 위한 국가 노동력으로서 재래식 군사력 동원을 정당화하는 안보 보장을 제공한다. 이로써 '사회주의 문명국' 건설을 향한 순환을 영속시키는 것을 목표로 한다.

본 장의 나머지 부분에서는 체계의 제도적 구조를 면밀히 분석할 것이다. 우선 국가적 전략을 계획하는 조선노동당을 검토하고, 그 산하 군수공업부와 집행기관인 제2경제위원회가 대량살상무기 사업 자금 조달을 어떻게 감독하는지 살펴본다. 이어 국가의 최고 정책 결정 기구인 국무위원회가 이러한 전략을 실제로 어떻게 실행하는지 분석한다. 군사 우선 권력 구조를 대체하기 위해 명시적으로 설계된 국무위원회는 지휘의 중심으로 기능하며, 내각의 경제 기구와 직접적 통제 밖에 있는 강력한 안보 부처인 국방성, 사회안전성, 국가보위성을 조정한다.

선이다.; "경애하는 김정은동지께서 조선로동당 중앙위원회 2013년 3월 전원회의에서 하신 보고," 『로동신문』, 2013.4.2.
53. "김정은 동지의 지도 밑에 조선로동당 중앙위원회 제7기 제3차 전원회의 진행," 『조선중앙통신』, 2018.4.21.
54. 이승원, "김정은 시대 북한의 군민관계 변화에 관한 연구: 조선인민군 사회적 역할의 변화양상과 특성을 중심으로," 북한대학원대학교 박사학위논문, 2022.

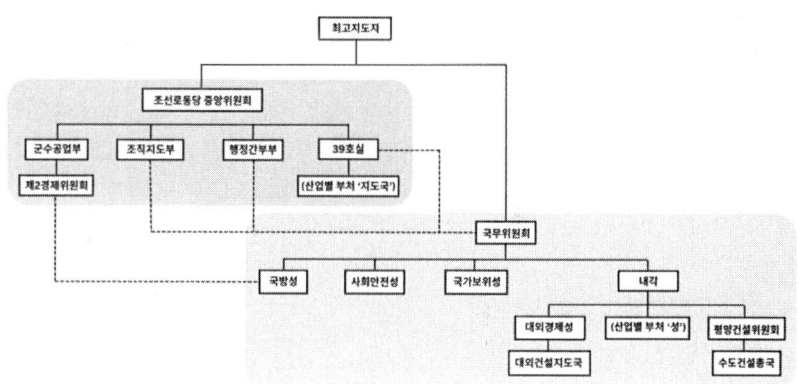

그림 1. 노동력 수출에 관여하는 주요 북한 기관 조직도

3.3 지휘의 최고점으로서의 조선노동당

지휘 구조의 최고점에는 조선노동당 총비서이자 국무위원회 위원장인 최고지도자 김정은이 있다. 그는 조선노동당의 최고 지도지도기관인 중앙위원회의 수장이기도 하다. 조선노동당 중앙위원회는 국가의 최고 정치 기구로서 위원회의 지침은 모든 국가 법률과 헌법 조항에 우선하며, 모든 정부 정책에 조언하고 시민들의 사상적 규율 준수를 감독한다. 이러한 하향식 체계의 본질은 한 인터뷰 대상자의 사례에서 잘 드러난다. 그의 2010년대 중반 러시아 파견은 김정은의 지시에 따라 중앙위원회가 군 부대에 내린 지침으로 진행되었다(인터뷰 1).

조선노동당 중앙위원회 내에는 간부부, 조직지도부, 군수공업부, 39호실을 비롯한 노동력 수출의 핵심 부서가 있다. 이들은 함께 파견 인력을 심사 및 선발하고, 해외 기업의 경영진을 임명하며, 그들의 노동으로 창출된 수익을 통제한다.

3.3.1 간부부와 조직지도부

조선노동당 중앙위원회는 모든 당, 국가, 군사 기관에 미치는 권한을 가지는 파견 인력 선발의 최종 결정권자이다. 북한의 해외 파견 노동자 선발은 국영기업의 간부 담당관으로부터 추천을 받는 것으로 시작된다(인터뷰 2, 7, 8, 9, 12). 이는 지역 보안 담당관과 같은 관리들의 서류 작업을 포함하는 엄격한 승인 절차로부터 시작되며, 해당 국영기업을 지휘하는 각 계층의 기관으로부터 동의를 필요로 한다. 이러한 다층적 시스템으로 인해, 많은 노동자들은 최종 승인을 내리는 중앙위원회 내의 특정 부서를 알지는 못하지만, 그들은 일관되게 위원회를 최종 권위 기관으로 지목한다.

그러나 몇몇 인터뷰 대상자들은 심사를 책임지는 특정 단위로 중앙위원회 내의 두 부서, 즉 간부부(행정간부부)와 조직지도부를 지목했다(인터뷰 2, 11, 12, 14). 그들의 증언을 분석한 결과, 간부부는 파견 인력 선발과 해외 주재 북한 회사의 일반 경영진 임명에 가장 직접적으로 관여한다. 당의 궁극적인 인사 권한 기관으로 기능하는 조직지도부 또한 파견 노동자들 내 포함된 당원의 출국이 더 민감한 주의를 요할 수 있기 때문에 심사 과정에 정기적으로 관여한다.[55]

3.3.2 군수공업부와 제2경제위원회

군수공업부와 그 집행기관인 제2경제위원회는 북한의 핵 및 미사일 무기 개발의 핵심 부서이다. 군수공업부는 핵무기와 탄도미사일 생산을 감독하고, 개발 자금을 자체 조달하고 제재 물자를 조달하기 위해 노동력 파견을 포함한 자체 수익 창출 사업을 지휘한다(인터뷰 3, 4, 10). 320국은 노동자를 해외로 파견한 군수공업부 산하 단위 중 하나로 확인되었다(인터뷰 4).

국방성은 자체 부서를 통해 노동자를 파견하는 것 외에도 산하 기관인 제2경제위원회를 이용하여 조선인민군 병사를 동원한다. 위원회는 노동 작전에 참여하는 군 부대에 대한 이중 지휘 구조를 용이하게 한다. 예를 들어, 핵 시설 건설에 관여하는 131원자력지도국은 해외 산업 작업에 배치될 때는 제2경제위원회의 관할하에 있지만 작전에 참여하지 않을 때는 통상적으로 인민군 총참모부의 지도를 받는다. 한 인터뷰에서는 제2경제위원회가 반자율적 기구로 운영되기 때문에 파견을 다르게 처리한다고 명확히 했다(인터뷰 14).

3.3.3 39호실

39호실은 북한이 해외 노동으로 벌어들이는 장부 외 자금을 관리하는 집행 기관 역할을 한다. 39호실의 통제는 노동력 수출로 인한 수익이 민간 경제가 아닌, 제재 물품 및 엘리트를 위한 사치품 조달을 포함한 전략적 프로젝트로 향하도록 보장한다. 39호실은 본질적으로 '궁중 경제'의 금융 허브 역할을 하며 불법 및 준합법적 수입을 김정은의 재량 자금으로 보내는 통로가 된다. 39호실은 다른 당, 국가, 군사 기관의 자금을 처리하는 것 외에도 자체 부서를 통해 직접 노동자를 파견한다. 일부

---

55. 예를 들어, 파견된 노동자들에게 '생활총화'로 불리는 집단 학습과 상호비판·자아비판 시간을 통해 사상 교육을 실시하기 위해, 현지 당 비서가 별도로 선발된다.

는 건설 및 상품 제조업을 관리하는 반면, 그 외 부서는 무기 밀매, 마약 생산, 위조 화폐 발행과 같은 불법 활동에 연루되는 것으로 의심된다.

인터뷰 대상자들이 확인한 부서에는 능라, 대성, 라건, 경흥, 모란, 은하, 류경, 여향 지도국과 대흥 및 금강 관리국이 있다(인터뷰 11, 12).[56] 각 부서는 다양한 사업에 참여할 허가를 요청할 수 있지만 전통적으로 담당하는 전문 분야가 있다. 예를 들어, 모란은 백화점과 관련이 있고 능라는 섬유 및 해운과 관련이 있다(인터뷰 11).

3.4 공식 경제 기구로서의 내각

내각은 국가의 공식 행정 기구로서 '인민 경제'와 국가 경제 계획 실행을 책임진다. 내각의 역할은 2024년 1월 22-23일 제14기 최고인민회의 제12차 회의에서 김정은이 한 정책 연설에서 최근 재확인되었는데, 그는 모든 부문이 내각의 지시에 무조건 복종할 것을 요구했다.[57] 그러나 내각의 권한은 기술적으로 민간 경제에 국한되며 군사 경제까지 미치지는 않는다. 이러한 제도적 분리는 국가의 최고 정책 결정 기구인 국무위원회에 의해 연결된다. 국무위원회는 내각과 군사 부처(국방성, 사회안전성 등) 모두에 대한 지휘권을 가지고 있기 때문에, 경제 작전을 위해 군대를 동원하도록 지시할 수 있다.

국제적 범위를 고려할 때, 대외경제성과 외무성의 노동력 수출은 예상이 가능하지만, 그 외 부처나 위원회의 참여는 상대적으로 불분명하다. 이는 북한 내 대부분 부처가 주로 국내 경제 사업을 수행을 임무로 하고 있기 때문이다. 그러나 다양한 부처를 통한 북한 노동자의 해외 파견은 빈번하게 이루어지며, 각 부처는 이를 통해 핵심 국내 사업에 필요한 자금을 조달하고 상위 기관에서 할당한 수익 할당량을 충족시키는 데 필요한 외화를 확보할 수 있게 된다.

3.4.1 대외경제성과 외무성

내각의 대외경제성 내 핵심 파견 기관은 장성택 시대에 조선노동당 행정부 산하였던 대외건설지도국이다(인터뷰 7, 10, 11). 대외건설지도국은 능라대외건설양성소처럼 착취적인 조건으로 악명이 높은 훈련 센터를 겸하는 주요 기업으로 건설 노동자를 사전에 파견 보낸다. 이것은 충성심과 규율준수를 시험하기 위한 과정으로,

---

56. 이들 지도국은 북한의 지역명을 따서 명명되었기 때문에, 소속 기관과 무관하게 다른 기관들과 동일한 명칭을 사용할 수 있다.
57. 이상숙, "북한 최고인민회의 제14기 12차 회의 결과와 그 함의," (국립외교원 외교안보연구소, 2025.2.28.), p. 4.

'훈련생'들은 해외로 파견되기 전에 보수 없이 2~3년 동안 일하도록 강요받는다(인터뷰 4, 7).

해외에서 북한 노동자와 회사의 운영은 2020년 7월 내각이 채택한 '경제무역참사부와 경제협조단, 경제실무대표단의 대외경제사업규정'(내각결정 제49호)에 명시된 엄격한 틀에 따라 규제된다.[58] 이 규정은 다양한 주체와 그 역할을 공식적으로 정의한다:

- **'대표부' - 경제무역참사부**: '대표부'는 공식적인 '무역 대표부'이다. 전문가의 설명에 따르면, '대표부'는 국가가 승인한 중개인 역할을 하며 파견 회사에 '법적 외관'을 제공한다(전문가 3). 또한 북한 주체를 외국 파트너와 연결하고(13조) 주재국의 다른 모든 북한 경제 주체들을 감독하며(18조) 외교 공관의 '경제 외교 부서'로서의 역할을 수행한다(2조). 거래를 성공적으로 중개한 대가로, 이 사무소는 수출 가치의 2-5%와 같은 수수료를 징수할 권한이 있다(15조).
- **'회사' - 경제협조단**: '회사'는 이익 창출을 목적으로 외국에 상주하여 경제 사업을 하는 실제 북한 사업체를 지칭한다 (2조). 이 범주에는 무역 회사의 지사, 해외 건설 회사 및 기타 투자 기업이 포함된다. 이들은 파견된 노동자를 고용하고 참사부의 직접적인 지도 하에 운영된다(20조).
- **'임시 대표단' - 경제실무대표단**: '임시 대표단'은 계약 체결, 전시회 참가, 또는 훈련 세션 참석과 같은 특정 단기 목적을 위해 파견되는 임시 그룹이다(2조). 체류 기간 동안 참사부의 감독을 받는다.

2020년 규정에 따르면, 북한 외무성과 대외경제성 간의 역할 분담은 이중 지휘 체계를 통해 명확해진다. 외무성은 현장 작전 지휘권을 행사하는데, 이는 주재국의 모든 경제 인력과 활동이 외교 공관장의 '통일적 지휘' 하에 있기 때문이다(6조). 해외의 외교 공관은 여권 및 비자 처리와 같은 필수 지원 서비스를 제공하는 외무성 산하에 있다(인터뷰 3, 7, 11). 외무성이 현장에서 인력과 일상적인 규율을 관리하는 동안, 대외경제성은 경제 전략에 대한 기능적 지휘권을 행사한다. 규정은 대외경제성을 경제 사업의 목적에 대한 최종 권한을 가진 '중앙 대외경제 지도기관'으로 명시한다(27조). 참사부는 외교 공관 내에서 운영되지만, 시장 분석 및 성과 평가를 평양의 대외경제성에 직접 보고한다(9조). 이러한 구조는 외교관이 현지 운영을 관

---

58. 문동희, "북, '김정은 비자금' 39호실 돈줄인 대흥총국 평양종합무역회사 인사 교체,"『데일리NK』, 2025.5.2., <https://www.dailynk.com/20250502-1/>

리하는 동안 모든 해외 경제 활동이 국가의 중앙 경제 계획을 도우며 국가의 지시를 받도록 이끈다.

제재가 러시아 파견 노동자의 비공식적인 전환을 촉진했음을 고려할 때, 러시아 내에서 공식적인 외교 구조에 영향을 미쳤을 가능성이 있다. 그러나 여러 전문가들은 북한 참사부와 북한 외교 공관 내 다른 경제 부서들이 여전히 러시아 현지 기업과의 사업을 계획하며, 북한 회사의 연락처를 광고하는 것으로 관찰된다고 보고한다(전문가 4). 한편, 현재까지 북한 대표들에 대한 증언은 소수에 불과한데, 이는 북한 노동자들이 직속 회사 대표(경제협조단장)와 훨씬 더 빈번하게 교류하기 때문이다(전문가 3).

3.4.2 산업별 부처

대외경제성 및 외무성 외에도 임업성, 농업성, 경공업성 등 다른 내각 부처도 노동력 수출에 관여한다(인터뷰 3, 4, 7, 9, 12, 13; 전문가 1). 그러나 대외경제성 산하 대외건설지도국과 같이 인력이 잘 갖춰진 기관과는 달리, 이들 부처는 종종 해외 노동을 위해 파견할 내부 인력이 부족하다. 결국 이들은 별도의 모집을 통해 평양시 당위원회와 협력하여 파견할 노동자를 찾는다(인터뷰 12, 13). 몇몇 경우에는 노동자가 자신의 전문 배경과 일치하는 직업에 배치되기보다는, 운전사나 다른 보조 역할로 북한 건설 회사를 지원하도록 배정된다(인터뷰 12). 이러한 관행은 건설업이 해외에서 요구되는 노동의 지배적인 형태가 되었음을 강력히 시사한다. 건설 노동자에 대한 수요가 각 부처의 특정 전문 분야를 능가하는 것이다.

3.4.3 특별 위원회 및 총국

부처 외에도 여러 위원회와 총국이 노동자를 파견한다. 예를 들어, 노동자는 과거 수도건설위원회로 알려졌던 평양건설위원회를 통해 해외 파견을 신청할 수 있다(인터뷰 7, 14). 위원회에는 수도건설총국과 같이 더 세분화된 수준에서 노동력 수출을 관리하는 부서가 포함되어 있다(인터뷰 9).

여러 증언은 또한 인민봉사총국 산하에서 운영되는 대외봉사국과 같은 총국을 지목했다. 대외봉사국은 해외 북한 식당을 관리하고 그곳에 노동자를 파견하는 책임을 진다(인터뷰 14).

3.5 임시 경제 기구로서의 군부

내각이 공식적인 경제 기구 역할을 함에도 불구하고, 군부는 강화된 군-경제 복합체 하에서 수익 창출을 위해 군인 노동자를 해외에 파견하며 임시 경제 기구로서 점차 기능을 확대해왔다. 이로 인해 군부대는 이중 지휘 구조 하에 놓이게 된다. 즉, 경제 작전에 대해서는 (당 또는 내각 내의) 비군사 기관에 보고할 수 있지만 본국에서는 군사 기관과의 주된 소속을 유지한다.

3.5.1 국방성과 조선인민군

조선인민군을 감독하는 국방성은 노동자 파견의 핵심 군사 기관이다. 국방성은 총참모부, 후방총국, 7총국과 같은 산하 기관을 이러한 작전에 활용한다(인터뷰 3, 6, 9, 11). 군 내에서는 총정치국이 파견될 병사 명단을 승인하는 데 가장 큰 권한을 가진 것으로 확인되었다(인터뷰 6).

한 증언에 따르면, 북한의 정예 군부대조차도 노동력 수출 프로그램에 관여한다(인터뷰 3). 김씨 일가의 개인 경호를 책임지는 호위사령부와 평양을 방어하는 수도방위사령부 모두 전문 작전을 위한 독립적인 자금을 창출하기 위해 인력을 해외 노동 임무에 파견한다. 이는 국가 기관이 경제적으로 자립하고, 중앙에 제출할 '충성 자금' 확보를 위한 시스템을 구축하기 위함이다.

제2경제위원회의 개입은 지정된 군부대가 수행하는 노동과 북한의 대량살상무기 개발 자금 조달 사이에 직접적인 연관성을 설정한다(인터뷰 3, 10). 이러한 특별 군부대의 대표적인 예는 핵 시설 건설 및 원자력 활용에 필요한 자재/자금 조달을 관여하는 131원자력지도국이다. 131원자력지도국에서 군인 노동자를 파견하는 것은 노동력 수출이 무기 개발을 위한 수익 창출에 어떻게 사용되는지를 보여주는 한 예라고 볼 수 있다. 131원자력지도국은 이중 지휘 구조 하에서 운영되어 해외 노동 작전에 참여할 때는 조선노동당 군수공업부 산하 제2경제위원회에 대응하면서, 국방성 산하 총참모부와의 관계를 유지한다. 이러한 민감한 군사 및 핵 관련 연결을 은폐하기 위해, 131원자력지도국은 국제적으로 '대동강 대외건설장'이라는 민간 위장 명칭으로 활동한다(인터뷰 3).

3.5.2 사회안전성과 사회안전군

사회안전성 또한 내부 군사력인 사회안전군에서 모집한 노동자를 러시아에 파견한다. 사회안전군은 일반적으로 내부 질서 유지와 국경 순찰이라는 필수적인 경찰 임무를 맡고 있지만, 국내외 산업 작전에도 깊이 관여한다. 북한에서는 사회안전군의 노동력이 다양한 산업 프로젝트에 인력을 제공한다. 파견 기관의 구체적인 예는 사회안전성 산하 지하철도 운영국으로, 평상시에는 평양 지하철 시스템을 관리하지만 러시아에 군인 노동자들을 파견한 것으로도 확인되었다(인터뷰 1, 전문가 1).

3.5.3 국가보위성

국가보위성은 해외 노동 작전에서 국방성 및 사회안전성과는 근본적으로 다른 역할을 수행하며, 이는 정치적 반역 행위를 조사하는 국가보위성 고유의 임무를 반영한다. 결과적으로, 국가보위성은 해외에 파견된 인력의 동태와 행동을 감시하는 주된 책임을 진다. 본 보고서에 앞서 인터뷰를 진행한 모든 대상자는 러시아에 파견될 때 국가보위성 소속 관리가 동행했으며, 관리가 모든 노동자의 개인 서류를 보관하고 한국 드라마 시청과 같은 반사회주의적으로 간주되는 행동을 징계했다고 보고했다. 이러한 감시는 회사 대표를 포함한 최고 경영진까지 확장된다고 알려져 있다.

한 증언에 따르면 국가보위성은 러시아의 노동력 수출 프로그램으로부터 얻은 수입을 북한으로 이전하는 것을 감독한다. 즉, 3과 소속의 '기통수'라 불리는 장교 부대가 주기적으로 파견되어 자금을 주로 현금의 형태로 수집한다(인터뷰 9). 이러한 지원 기능 외에도, 인터뷰 대상자들은 국가보위성이 자체 인력을 노동자로 파견하기도 한다고 믿는다(인터뷰 6, 11).

3.6 최전선: 러시아 내 위장 명칭과 작전

평양에서 내려진 지침은 정부 기관, 국영 기업, 무역 회사, 건설 회사로 이루어진 광범위한 네트워크를 통해 현장에서 실현된다. 각 주체는 정권의 기업적 얼굴 역할을 하며, 정권이 국제 계약을 확보하고, 노동자를 관리하며, 글로벌 금융 시스템을 탐색할 수 있도록 한다. 운영 계층의 핵심 특징은 만연한 위장 명칭의 사용과 군사 기업과 민간 기업 간의 경계를 의도적으로 모호하게 만드는 것으로, 이는 소유권을 은폐하고, 제재를 회피하며, 운영의 유연성을 유지하기 위해 고안된 전략으로 볼 수 있다. 제재 대상으로 개별적으로 지목된 회사들은 공식적인 회사 간 계약 없이도 주선할 수 있는 인테리어 디자인이나 소규모 건설과 같은 프로젝트를 위해 소규모 팀을 파견하여 계속 운영해 온 것으로 보고된다(전문가 10).

아래 회사 목록(표 4)은 전직 북한 해외 노동자와의 인터뷰를 통해 확인되었으며, 다른 출처를 통해 교차 검증된 회사들이다. 복수의 인터뷰에 따르면, 이들 회사는 공석 여부, 북한 내 파견 기관의 인력 공급 규모, 그리고 요구되는 기술 수준에 따라 민간인과 군인 노동자를 혼합해 고용하기도 한다(인터뷰 1, 4, 6).

표 4. 인터뷰에서 확인된 북한 위장 회사 개요

러시아 내 북한 회사	알려진 세부 정보
전성건설회사	주로 사회안전성 소속 준군사 노동자와 관련. 2010년대 중반에 신설. 제재 대상 아님.
남강건설회사	주로 국방성 소속 군인 노동자와 관련. 미국 재무부 행정명령 13722호에 따라 제재 대상 (2016).
조선대외건설총회사 (GENCO)	주로 민간인 노동자와 관련. 미국 재무부 행정명령 13722호에 따라 제재 대상(2016). 2016년 미국 북한 제재 및 정책 강화법(미국 적대세력 제재법에 의해 수정)에 따라 제재 대상(2020). 유럽연합 이사회 이행 규정 2022/659(2022), 2022/1331(2022), 2023/2576(2023)에 따라 제재 대상. 일본 재무성에 의해 제재 대상(2013).
목란 LLC	주로 민간인 노동자와 관련. 미국 재무부 행정명령 13722호에 따라 제재 대상(2020). 2016년 미국 북한 제재 및 정책 강화법(NKSPEA)(2020 회계연도 국방수권법 내 오토 웜비어 북한 관련 금융 제한법(BRINK)에 의해 수정)에 따라 제재 대상.
조선철산무역회사	주로 민간인 노동자와 관련. 미국 재무부 행정명령 13722호에 따라 제재 대상(2020). 2016년 미국 북한 제재 및 정책 강화법(NKSPEA)(2020 회계연도 국방수권법 내 오토 웜비어 북한 관련 금융 제한법(BRINK)에 의해 수정)에 따라 제재 대상.

향련합작회사	주로 민간인 노동자와 관련. 제재 대상 아님.
조선능라도무역총회사	주로 민간인 노동자와 관련. 미국 재무부 행정명령 13722호에 따라 제재 대상(2016). 유럽연합 이사회 이행 규정 2022/1331(2022)에 따라 제재 대상. 영국 연방 및 개발 사무소에 의해 제재 대상(2020).

여러 인터뷰 증언에 따르면 정권은 공식적으로 등재된 기업 외에도 주재 러시아 도시명과 숫자 지정을 결합하여 위장 회사명(예: '모스크바 3회사')을 부여한다. 그러나 이러한 회사는 러시아에 공식적인 등록 없이 완전히 장부 외로 존재하며, 그들의 위장 명칭은 단지 한 북한 노동 파견 부대를 다른 파견 부대와 구별하는 역할을 할 뿐이다.

군사 관련 작전을 위해 민간 위장 조직을 전략적으로 배치하는 것은 군-경제 복합체 하에서의 의도적인 움직임을 반영한다. 실제로 '군인'과 '민간인' 인력의 구분은 명목상에 불과하다. 모든 노동자는 정부 기관에 의해 동원된 국가 자산으로서, 김씨 일가의 사치스러운 생활, 엘리트 보상 시스템, 경제 발전과 핵 기반 안보라는 국가의 이중 목표를 지원하기 위해 수익을 창출한다. 명칭은 단지 관료적 장치로 기능할 뿐이며, 정권이 군사적 목표를 위한 경제적 수단으로서 군대를 동원하는 통합된 목표를 끊임없이 추구하면서 국제 무대에서 핵심 목표를 위장할 수 있게 한다.

북한 노동자 증언 발췌문

저희 파견은 당 소속이었습니다. 소속이 조직부에서 군수공업부로 넘어갔다는 것은, 그만큼 해외에서 벌어들이는 자금이 (핵·미사일 개발과 같은) 군수 부문에 더 필요해졌다는 의미로 해석할 수 있습니다. 당 자금이 곧 국방비이고, 국방비가 곧 당 자금입니다. (인터뷰 4)

> 저의 파견 기관은 제2경제위원회였습니다. 전쟁 준비를 담당하는 곳이죠. 예를 들어 비행기 바퀴를 만들거나 포탄을 생산하는 데 돈이 들어갑니다. 우리(노동자) 수입은 전부 그 목적에 사용됩니다. (인터뷰 5)

> 능라지도국 같은 곳이 대표적인 39호실 산하 기관입니다. 거기서 벌어들인 돈은 전부 당 자금, 즉 최고지도자의 통치 자금으로 들어간다고 봐야 합니다. 노동자들이 버는 돈의 목적지가 바로 그곳입니다. (인터뷰 11)

> 저도 최근에 들어와서 말하는 걸 들어보니까 131지도국이라고 원자력발전소 그 부대에서도 해외로 파견한다고 그러더라고. 그 정도면… 원래 131지도국은 북한 내부에서도 철저히 통제가 돼서 제대돼도 구역당에서도 이 사람들을 마음대로 다루지 못 했어요. 그 비밀 때문에. 걔네까지 해외 나간다고 해서 놀라긴 했는데. (인터뷰 14)

> 저희는 군 조직 소속인데, 인민무력부와는 다른 조직입니다. 조선인민군 총정치국 후방총국 소속이죠. 후방총국은 인민군 피복, 의료 설비 등 군인들의 후생과 관련된 모든 것을 보장하는 곳인데, 여기서도 대외건설을 위해 사람을 보냅니다. (인터뷰 6)

> 장성택 시절에는 '대외건설지도국'으로 통합되었지만, 지금은 대외경제성을 비롯한 각 성(省)들이 개별적으로 노동자를 파견하는 방식으로 돌아갔습니다. 사실상 내각을 통한 파견은 대외경제성이 중심이라고 볼 수 있습니다. (인터뷰 11)

CHAPTER 4
북한의 대러시아 노동력 수출의 절차적 특성

러시아 내 북한 노동자 고용은 노동자 개인의 자율적 의사가 아닌 국가의 전략적 목표에 의해 조직적으로 이루어지며, 이는 세계 노동 이주 현상에서 독특한 사례이다. 일반적인 경우 외국인이 독자적으로 구직 활동을 하는 것과 달리, 북한 노동자는 계약 협상부터 현장 조건 관리에 이르기까지 전 과정이 국가에 의해 관리되는 형태로 파견된다. 이러한 노동력 수출 체계는 북한 주민의 해외 취업 자유를 보장하기 위해 마련된 것이 아니라 외화를 획득하기 위한 국가 주도 사업으로 기능하며, 전 과정에서 북한 당국 대표자의 중개를 통한 국가적 개입이 드러난다.

2017년 유엔 제재가 채택되기 이전에는 러시아 당국이 2007년 체결된 양자 협정에 따라 북한 노동자들의 연간 고용 할당량을 정했다.[59] 북한 당국 대표자는 가능한 취업 인원을 통보받아 북한 대외경제성과 협의하고, 이렇게 협의된 노동 수요에 맞추어 당, 정, 군 기관 등 다양한 조직을 통해 선발한 노동자들을 파견했다.[60] 이 과정에서 개별 노동자와 고용 주체 간의 직접적 접촉은 차단되었다.

---

59. 본고 부록 2a/2b에서 러시아어 원본/한국어 번역본 전문 참조.
60. 북한의 노동력 수출 체계를 뒷받침하는 국가 대표들의 역할과 보다 광범위한 외교적 구조에 관한 정보는 본고 제3.4.1항 "대외경제성과 외무성"을 참조.

그림 2. 노동력 수출 프로그램의 배후에 있는 국가 내, 국가 간 연결 구조

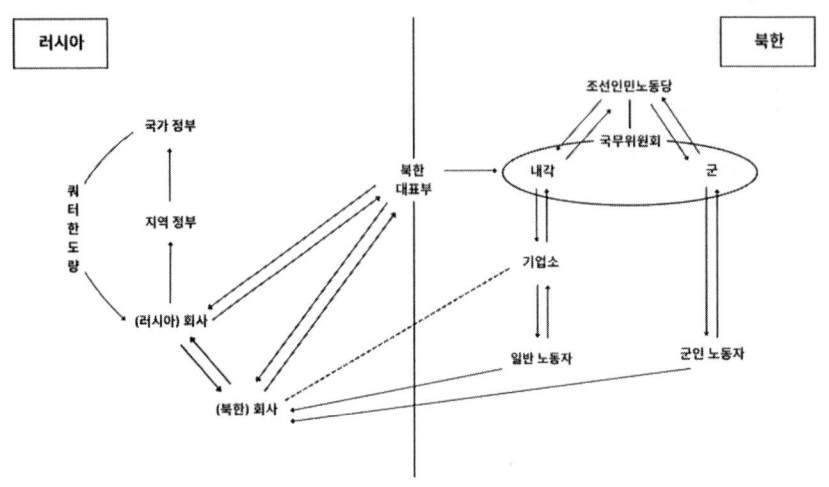

2017년 말 유엔 제재가 채택된 이후, 기존의 고용 체계는 제재 회피를 위한 위장 방향으로 진화하였다. 러시아는 제재로 인해 더이상 북한 노동자들에 대한 취업 허가가 불가능해지자 수천 건의 유학비자를 대신 발급하기 시작했고 이들의 서류상 신분도 변경되었다. 이같이 유학비자를 이용하는 방식으로 전환된 이후에도 노동력 수출 체계는 여전히 국가의 통제 아래에 있다. 다만 현재는 북한 대표가 러시아의 기업 대신 교육 기관 및 중개인과 협력해 필요한 입국 서류를 확보한다. 2020년, 러시아는 법 개정을 통해 외국인 유학생이 별도의 허가 없이도 취업할 수 있도록 함으로써 이러한 제재 회피 수법을 자국 법체계 내에서도 공식화시켰다.

공급 측면에서 인력 선발 과정은 시장 수요가 아닌 국가 주도로 운영된다. 북한 주민들은 외부 세계에 대한 호기심과 경제적 유인을 바탕으로 해외 파견 근로를 강하게 선호하며, 이에 참여하기 위해서는 장기적인 내부 심사 절차를 거쳐야 한다. 이러한 특성으로 인해 많은 대기자가 발생하는 것이 일반적이다. 결과적으로 인력 배치는 러시아 고용주가 아닌 북한 당국이 주도하는 독특한 구조를 형성한다. 노동자들은 러시아 기업과 하도급 계약을 체결한 북한 국영 기업소의 소속으로 파견되지만, 대다수는 공식적인 고용 계약서를 제공받지 못한다. 최종 파견 승인 권한은 조선노동당에 있으며, 당은 엄격한 심사 과정을 거친 후에야 각 개인의 파견을 승인한다.

본 장에서는 북한 내에서의 선발 및 파견 절차에서부터 러시아 입국과 체류를 위해 활용되는 문서 발급까지, 북한의 노동력 수출 체계의 전체적인 구조를 개괄한다. 먼저, 출국 이전부터 노동자를 통제하기 위해 북한이 시행하는 내부 절차를 살펴볼 것이다.

4.1. 북한의 노동자 모집 및 선발

북한의 해외 노동자 선발과정은 세밀하게 설계된 통제 시스템으로, 파견 노동자의 사상적 신뢰성을 검증하기 위해 고안되었다. 선발은 두 가지 경로로 진행되는데, 하나는 민간 지원 경로이며, 다른 하나는 준강제적인 성격을 띠는 군 징집 경로이다. 선발 과정에서 모든 후보자는 국가가 부여한 세습적 사회계급 제도인 '성분' 및 '토대'로 나타나는 가족 계급 배경을 검토받고 일련의 엄격한 '사상 검증' 절차를 거친다.[61] 선발 과정은 사상적 신뢰성이 여전히 결정적인 요소로 남아있기는 하나, 대부분 심각하게 부패된 요소들로 유지되고 있으며, 뇌물은 후보자가 단계를 통과하기 위한 필수적이면서 암묵적인 요건으로 기능한다. 후보자는 권리 침해적인 방식으로 이루어지는 사생활 및 사상에 대한 검증을 견뎌내야 하는 반면, 그에 상응하는 자신의 고용에 관한 결정권은 그 어떤 것도 부여받지 못한다. 결국 후보자는 자신의 최종 배치나 근무 환경, 보수의 구체적인 내용조차 알지 못한 채, 모든 결정 과정에서 배제된다. 이처럼 전체 선발 과정은 초국가적 억압과 착취를 위한 준비 단계로서, 고향과 멀리 떨어진 곳에서도 복종과 통제에 순응할 노동자를 치밀하게 양성해 낸다.

4.1.1. 두 가지 모집 경로: 민간인과 군인

모집 과정은 민간인과 군인을 대상으로 하는 두 가지 별개의 경로에서 시작된다. 민간인의 경우, 파견을 희망하는 노동자는 먼저 소속 기업소의 당비서나 간부로부터 추천을 받아야 한다(인터뷰 7, 12). 일반적으로 추천을 받기 위해서는 소속 국영 기업소나 특별 '훈련소'에서 최대 3년간의 무급 노동을 해야 하며, 이는 정권에 대한 충성심을 증명하기 위한 것이다(인터뷰 8, 12). 이러한 관행은 강제 노동에 해당하

---

61. '성분'은 문자 그대로는 '구성 요소'를 뜻하지만, 실제로는 개인의 출신 배경을 가리킨다. 이는 북한이 자국민을 정권에 대한 충성심에 따라 계층을 달리하여 구분하는 제도이다. 이 때 충성심은 가계 및 친족들의 행위에 따라 판단된다. 이러한 평가에 근거하여 시민들은 세 가지 계층, 즉 '핵심', '동요', '적대' 계층 중 하나에 속하게 된다.
United Nations Human Rights Council. *Report of the Detailed Findings of the Commission of Inquiry on Human Rights in the Democratic People's Republic of Korea.* 25th session, agenda item 4, 7 Feb. 2014, A/HRC/25/CRP.1. P. 29.

며, 공식적인 선발 과정에 들어가기 위한 입장료와 같다고 볼 수 있다(인터뷰 8, 12). 추천을 받은 후, 후보자는 장기간에 걸친 신청 절차를 밟게 되며, 이 과정에서 미로와 같은 관료적 승인 절차를 거치기 때문에 1~2년의 추가 기간이 소요될 수 있다(인터뷰 6).

이와 달리 군인의 경우, 해외 파견에 있어 개인의 자유의사는 대부분 배제된다. 통상 20대에 의무 군 복무를 하는 젊은 남성은 상관의 지시에 따라 해외 파견 임무에 직접 징집될 수 있다(인터뷰 1, 3, 5, 10). 2014년에는 당시 김정은의 지시에 따라 작성된 것으로 추정되는 '우수' 군인 100명의 명단이 해외 강제 노동자 명단으로 사용된 사례가 있었다(인터뷰 1). 이러한 파견은 공식적으로는 '기회'로 포장되지만, 징집된 군인들에게는 거부할 수 없는 명령으로 받아들여진다.

4.1.2. 가족 배경 및 사상 검증

심사 과정에 있는 모든 후보자는 '성분'및 '토대'에 따른, 사상과 배경에 대한 심층적이고 또한 권리 침해적인 조사를 받는다. 민간인 경로로 승인된 노동자의 82%가 평양 거주자였다는 점은 성분이 우수하다고 평가되는 후보자가 명백히 더 선호됨을 보여준다. 군인의 경우 출신 지역의 분포가 상대적으로 다양하지만, 파견 당시 복무지는 모두 평양이었다. 이러한 우대는 수도 출신 후보자의 정치적 자산을 반영하며, 이들의 조선노동당 중앙위원회와의 근접성이 승인 과정을 용이하게 만들었다고 볼 수 있다.

심사 과정은 후보자의 6촌 관계로까지 거슬러 올라가는 세밀한 가계 조사가 진행되며 주로 연좌제를 기반으로 교화소 또는 정치범 수용소에 수감된 친척이 있는 사람은 자동적으로 자격이 박탈된다(인터뷰 2, 7). 역설적으로, 당이나 소좌 이상 군 고위 간부를 가족으로 둔 사람 역시 민감한 정보에 접근할 가능성이 있는 안보 위협 요소로 간주되어 제외된다(인터뷰 2). 조사는 개인 사생활로까지 확대되며, 일반적으로 미혼이거나 이혼한 사람은 고국과의 유대가 약하다고 판단되어 제외되고, 자녀가 있는 기혼 노동자가 우선 선발된다. 이러한 경향은 의도적 목적에 따른 것으로, 북한에 남아 있는 직계 가족이 탈북을 막는 효과적인 담보로 활용되기 때문이다(인터뷰 7, 12).

마지막으로, 후보자는 여러 차례의 '사상 검증'을 통과해야 한다. 이 테스트는 후보자의 충성도와 정신적 적합성을 평가하기 위해 고안된 일련의 고강도 사상 심문이다(인터뷰 1, 3, 6). 여러 단계로 이루어진 '사상 검증'은 기업소 간부, 당비서, 국가안전보위부 요원 등 여러 직급의 관료가 각기 다른 형태로 진행하며 최대 다섯 차례의 면담으로 진행된다(인터뷰 3, 6). 개별적·집단적 환경에서 이루어지는 심사 과정을 통해 후보자의 동기, 신념, 체제에 대한 헌신도가 철저히 검토된다. 외부 영향에 노출될 경우 발생할 수 있는 사상적 동요나 정치적 불안정 가능성이 심사의 핵심 기준으로 여겨진다(인터뷰 1, 3, 4, 6).

4.1.3. 제도화된 부패

이와 같은 공식적인 기준 위에는 제도화된 부패 시스템이 존재하며, 사실상 모든 민간 지원자들에게 뇌물은 비공식적이지만 필수적인 조건이다(인터뷰 2, 7, 8, 9, 11, 12, 14). 뇌물로 들어온 금품은 명확한 지휘체계에 따라 분배되며, 지역 기업소에서부터 당위원회에 이르기까지의 각 행정 단계의 담당자가 각자의 몫을 요구한다(인터뷰 2, 8, 14). 처음 지원하는 후보자는 약 150달러 정도를 내야 하며, 재파견 근로자는 최대 800달러까지도 내야할 수 있다(인터뷰 7, 12). 관리직으로 갈수록 상납 비용은 급등하여 직장장은 약 5,000달러, 사장은 20,000달러에 달한다(인터뷰 14). 이러한 체계에서는 금품으로 인한 하향 이동까지도 가능하다. 한 간부는 자신의 지위에 해당하는 관리직 뇌물을 감당할 수 없어 그보다 적은 액수인 200달러를 상납하고 공식적으로 강등된 뒤 일반 노동자로 파견되기도 했다(인터뷰 14).

심사의 마지막 단계에서 후보자는 신체 및 기술 검증 절차를 거치는데 이는 실용적이면서도 차별적으로 기능한다. 종합 신체검사는 후보자가 노동에 적합한지와 수용국의 입국 요건을 충족하는지 여부를 확인하기 위한 것으로, 러시아 파견의 경우 결핵을 비롯한 전염병 검사가 진행된다(인터뷰 1, 2, 3, 6, 8, 14). 이 검사에서 눈에 띄는 장애나 신체적 '결함'(예: 손가락 절단 등)이 있는 사람은 국가를 대표하기 부적합하다고 간주하여 배제되는 점에서 차별적이라고 볼 수 있다(인터뷰 8, 14). 지원자들은 직종에 따라 추가적인 기술 시험이나 언어 시험을 치르기도 한다(인터뷰 2, 3, 9, 14).

이러한 최종 평가 과정에서도 부패행위가 만연하다. 심각한 질병이나 눈에 띄는 신체적 장애는 숨기기 어렵지만, 그 외의 결격 사유가 되는 의학적 문제는 20~50달러의 뇌물을 상납하고 받은 '깨끗한' 허위 진단서를 이용해 묵인될 수 있다(인터뷰 6, 8). 마찬가지로, 기술 및 어학 시험은 실력의 증명보다는 뇌물로 통과할 수 있는 형식적 절차가 되는 경우가 많다. 이러한 관행은 결국 자질이나 기술보다 금전적 능력이 선발을 좌우하는 구조를 만든다(인터뷰 3, 6, 9, 12, 14).

이러한 뇌물상납은 지원자에게 상당한 재정적 부담을 초래하며, 가족들이 필요한 재원을 마련하기 위해 빚을 지게 되는 경우가 많다(인터뷰 2, 12). 많은 후보자는 20%가 넘는 고금리로 사채를 빌리며, 선발 후 파견지에 도착하자마자 수입을 최대

화해야 한다는 강한 압박에 시달리게 되고, 이는 곧 착취에 대한 취약성을 높이게 된다(인터뷰 14).

4.1.4. 정보 비대칭성과 주체성의 부재

북한 노동자는 까다로운 선발 과정을 통화하더라도 파견 조건에 대한 실질적인 결정권을 거의 갖지 못한다. 파견이 승인되면 배치 지역은 국가 당국이 일방적으로 결정하며, 노동자가 희망한 지역에 배정된다는 보장은 없다(인터뷰 1~15). 실제로 한 인터뷰 대상자는 중동 파견을 위해 뇌물을 냈지만, 러시아에 자리가 먼저 나면서 그곳으로 보내졌다(인터뷰 14).

또한, 북한 노동자는 출국 전 자신의 수행할 업무에 관한 구체적인 정보를 알 수 없다. 다수의 인터뷰에 따르면, 출국 전에 알 수 있었던 정보는 러시아의 특정 주(州)와 같은 대략적인 도착지 정도였으며, 실제 작업장이나 노동 시간, 임금 등 세부 정보는 전혀 제공되지 않았다(인터뷰 1~15). 고용계약서조차 제공되지 않아, 결국 노동자들은 자신을 기다리고 있는 상황에 대해 막연한 추측만 가진 채 파견지로 떠나게 되며, 이러한 불투명성은 착취에 취약해지도록 사전에 길들이는 효과를 낳는다.

이와 같은 정보 비대칭은 직접적인 금전 착취로 이어진다. 대표적인 사례가 신생 해외 기업소 설립을 장려하기 위해 마련된 국가 인센티브 제도의 악용이다. 일반적으로 북한은 신생 기업소에 1년간 의무적인 '충성 자금' 납부를 면제하고, 노동자의 초기 이동 비용도 부담한다(인터뷰 14). 이는 기업소가 초기 자본을 축적할 수 있도록 한 조치다.

그러나 기업소 관리자는 이 제도를 악용해 국가가 이미 부담한 이동 비용을 노동자에게 부당하게 청구한다. 예컨대, 한 인터뷰 대상자는 소속 기업소가 설립 첫 해라 국가에 비용을 낼 의무가 없었음에도, 러시아행 항공료 1,500달러를 본인 수입에서 공제당했다(인터뷰 14). 이런 수법을 통해 기업소 사장은 비용을 직접 착복하며, 북한 정부는 기업소가 1년 유예 기간이 끝난 후 충성 자금을 정상적으로 납부하기만 하면 내부에서 벌어지는 부패 행위는 사실상 묵인한다. 이처럼 체제의 목표는 파견 현장에서 부패를 용인하고 활용하는 방식으로 달성되고 있다(인터뷰 14).

북한 노동자 증언 발췌문

> 북한에서는 전기가 부족해 크레인 같은 장비를 쓰지 못합니다. 4층짜리 아파트를 지을 때도 모든 자재를 사람이 직접 날라야 합니다. 레미콘 대신 사람이 직접 시멘트를 비비고, 그 무거운 콘크리트를 물동이에 담아 4층까지 계단으로 오르내리며 붓습니다. 그런 혹독한 노동을 견디다 못해 해외 파견을 꿈꾸게 되지만, 막상 나와보니 이곳의 현실도 지옥이기는 마찬가지였습니다. (인터뷰 7)

> 해외 나가려면 스물네 명의 수표를 받아야 나와요. 인민반까지 하면 스물여섯 명 될 것 같아요. 사는 곳의 인민반장부터 보안원, 보위부원까지 총 여섯 명이 달라붙어요. 8촌까지 캐 봐요. 할아버지가 나쁜 짓 한 거 없는지. 한국에 간 사람이 없는지. 신체검사도 선생들이 돈 받으려니까 합격인 것도 막 불합격이라고 하고, 거기서 또 돈을 줘야 돼요. 면접에서는 '돈을 벌러 가냐?' 물으면 '아니요, 당을 위해서 외화벌이 하러 간다'고 말을 준비해야 돼요. 이 모든 절차를 통과하는 데 9개월이 걸렸습니다. (인터뷰 5)

> 과거에는 돈이 없어서, 돈 벌려고 돈 없는 사람들이 나가는 게 해외였는데, 지금은 돈 없는 사람들이 더 못 나가요. 돈이 없어서 못 나가요. 처음 나가는 사람들은 보통 750달러 정도를 쓰는데, 이 돈은 상급 단위 간부들에게 단계별로 전달됩니다. 저 같은 경우는 대학 졸업자라는 이유로 노동자로 나갈 수 없다고 해서, 간부직을 해임받기 위해 200달러를 추가로 고였습니다. 북한에서는 규정은 어기라고 있는 것이라는 말이 있을 정도입니다. 간부들은 자신들의 돈벌이를 위해 불필요한 절차를 만들고, 노동자들은 그 절차를 통과하기 위해 돈을 바칠 수밖에 없는 악순환이 반복됩니다. (인터뷰 14)

> 보통 3년으로 봐요. 3년 동안 [양성소에서] 무보수로, 부지런히 일해야 해요. 그래야 문건 시작해요. 나 때는 당비서가 갈리는 바람에, 새로 온 당비서가 '무조건 들어와서 기업소에서 3년 있고, 형이 있기 때문에 안 된다'고 해서 어쩔 수 없이 3년 동안 있었죠. 기업소별로, 사람 나름인 거죠. (인터뷰 8)

> 저는 통역으로 갔는데, 통역사가 할 일이 없어요 북한에. 그래서 그냥 건설 작업했죠. 무보수로. 일종의 검토, 테스트하는 거죠. '이 사람이 꽤 해외 나가서 벌레처럼 일할 수 있는지 아니면 반항할 수 있는지.' 면접이 아니고, 일 년 동안 일을 시키거든요. 무보수로. 그래서 일 년 동안 군말 없이 시키는 일 다 하면, 머슴처럼, 그럼 추천서에다 사인을 해주는 거죠. '일 할 수 있다' 하고. 365일 중에 하루라도 결근하면 사인 안 해주는 거죠. 그럼 일 년 연장돼요, 무보수 작업이. 그렇게 해야 추천서를 받을 수 있어요. (인터뷰 6)

> 근로계약서 같은 건 없었어요. 서류 같은 건 없었어요. 한 달에 200유로 받는다는 건 구두로 보고받은 거예요. 파견 전에 안내받은 건 모스크바로 간다는 것, 건설 일을 한다는 것, 그리고 파견 기간이 3년이라는 것 정도. 근무 시간이나 급여 같은 건 없었어요. (인터뷰 3)

4.2. 러시아의 북한 노동자 수용 및 등록 절차

러시아 내 북한 노동자에게 적용되는 법적·행정적 틀은 러시아가 자국 법체계를 북한 노동력 유입을 위한 무기로 전환해온 과정을 여실히 드러낸다. 러시아의 법제도는 공식적인 규제에서 출발해 은밀한 제재 회피 국면을 거쳐왔고, 최근에는 국제법 질서에 대한 공공연한 도전으로까지 발전했다. 이러한 변화는 러시아의 국내 법체계가 단순한 배경적 장치가 아니라 국제적 의무를 회피하고 무력화하기 위해 의도적으로 재구성된 가변적 정책 도구로 작동해왔음을 보여준다. 노동자를 '학생'으로 등록하는 방식은 단순한 법적 허점을 노린 꼼수가 아니라, 합법성을 가장하여 국가가 승인한 병행적 이주 체계이다. 운영 과정에는 북한 대표부, 러시아 정부 기관, 교육 기관, 준민간 중개인까지 얽혀 있으며, 여러 단계에서 러시아 당국의 공모 없이는 작동할 수 없는 복잡한 구조로 구축되어 있다.

4.2.1. 표준적인 노동 허가 절차

현행 체계의 불법성을 이해하려면 먼저 2017년 유엔 제재 이전 러시아가 외국인 노동자에게 적용했던 제도를 살펴볼 필요가 있다. 2007년에서 2017년 사이 북한 노동자의 고용 절차를 규율했던 러시아의 허가 제도는 연방법 제115-FZ호('러시아 연방 내 외국인의 법적 지위에 관한 법률')에 근거해 마련되었으며, 2006년 제

110-FZ호 개정으로 중요한 변화가 있었다.[62] 2007년 체결된 북한-러시아 간 노동 조약은 북한 노동자의 고용을 개정된 제도와 명확히 연계했다.[63] 이 제도는 이론상 다른 외국인에게도 적용되었지만, 전적으로 러시아 고용주의 필요에 의존하며 국가에 상당한 통제권을 부여한다. 근로허가는 고용될 법적 권리를 부여하는 반면, 취업비자는 고용을 위한 입국과 체류를 허가하는 명확한 차이가 있다. 즉, 근로허가가 확보되지 않은 상태에서는 취업비자를 받을 수 없다. 고용 절차는 다음과 같이 네 가지 단계로 순차적으로 진행된다.

---

62. 2002년 7월 25일 공포된 연방법 제115-FZ호는 러시아 연방 내 외국인의 권리와 의무를 규정하였으나, 행정적 요건이 지나치게 광범위하여 상당수의 이주노동력이 비공식 경제로 유입되는 결과를 초래하였다. 이러한 한계를 보완하기 위하여 러시아 입법부는 2006년 7월 18일, 다음의 내용을 담은 두개의 상호 연관된 법률을 제정하였다. ① 연방법 제110-FZ호는 '외국인 노동자를 유치·사용할 수 있는허가 (Permit to Attract and Use Foreign Workers)'를 폐지하고, 모든 인허가 절차를 고용주가 신청하는 단일한 개인 노동허가 절차로 통합하였다. 이에 따라 고용 이전 단계에서의 행정적 장벽이 크게낮아졌다. ② 연방법 제109-FZ호는 의무적인 이주 등록 제도를 도입하였다. 이 법률에 따르면, 고용주나 임대인과 같은 '수용 당사자(receiving parties)'는 각 외국인의 거주지를 당국에 통보해야 하며, 이를 통해 국가는 이주민의 소재에 대한 감독을 강화할 수 있게 되었다. 이 두 법안은 합법적 고용 절차를 간소화하는 동시에 국가의 통제 메커니즘을 강화하였다. 이어 2007년 8월에 체결된 북-러 양자 노동협정은 북한인의 고용을 이러한 간소화된 러시아 제도에 통합시켜, 그들의 고용을 위한 정부 간 소통을 용이하게 만들었다.
러시아 연방. 2002년 7월 25일자 연방법 제115-FZ호 「러시아 연방 내 외국인의 법적 지위에 관한 법률」 (수정보충)(Федеральный закон от 25 июля 2002 г. N 115-ФЗ "О правовом положении иностранных граждан в Российской Федерации" (с изменениями и дополнениями)). 2025.3.23 개정, ГАРАНТ: База документов информационно-правовой системы, <https://base.garant.ru/184755/>
러시아 연방. 러시아 연방, 2006년 7월 18일자 연방법 제110-FZ호 「러시아 연방 내 외국인의 법적 지위에 관한 연방법의 개정을 위한 법률' 및 '러시아 연방의 일부 입법에 대한 개정 및 보충에 관한 연방법'의 일부 규정의 효력을 상실한 것으로 인정하는 법률」 (수정보충)(Федеральный закон от 18 июля 2006 г. N 110-ФЗ "О внесении изменений в Федеральный закон "О правовом положении иностранных граждан в Российской Федерации" и о признании утратившими силу отдельных положений Федерального закона "О внесении изменений и дополнений в некоторые законодательные акты Российской Федерации" (с изменениями и дополнениями)). 2014.11.24 개정, ГАРАНТ: База документов информационно-правовой системы, <https://base.garant.ru/12148410/>
러시아 연방. 2006년 7월 18일자 연방법 제109-FZ호 「러시아 연방 내 외국인 및 무국적자의 이주 등록에 관한 법률」 (수정보충)(Федеральный закон от 18 июля 2006 г. N 109-ФЗ "О миграционном учете иностранных граждан и лиц без гражданства в Российской Федерации" (с изменениями и дополнениями)). 2025.5.23 개정, ГАРАНТ: База документов информационно-правовой системы, <https://constitution.garant.ru/act/right/12148419/>
63. 본고 부록 2a/2b에서 러시아어 원본/한국어 번역본 전문 참조.

1. **근로허가:** 고용 절차는 러시아 고용주에 의해 시작된다. 고용주는 러시아 내무부 지역 사무소에 외국인 직원의 근로허가를 신청해야 한다.[64] 허가증은 일반적으로 플라스틱 카드 형태이며 소지자가 허가된 지역 내 특정 회사에서 근무할 수 있도록 허용한다. 내무부는 근로허가 신청서를 노동사회보호부가 설정한 연간 고용 할당량과 대조·검토한다.

2. **근로초청장:** 고용주는 근로허가가 발급되면 내무부 지역 사무소에 공식 초청장 발급 신청을 한다. 정부가 발급하는 초청장은 외국인이 비자 신청을 할 때 기초 문서가 된다.

3. **단수 입국 취업비자:** 외국인은 자국에 있는 러시아 영사관에 내무부가 발급한 초청장을 제출하여 최초 단수 입국 취업비자를 발급받는다. 일반적으로 비자는 최대 90일간 유효하며, 이를 통해 노동자는 합법적으로 러시아에 입국해 고용 관계를 맺을 수 있다.

4. **복수 입국 취업비자 및 등록:** 노동자가 러시아에 도착하면 고용주는 해당 노동자를 연방법 제109-FZ호('러시아 연방 내 외국인 시민 및 무국적자의 이주 등록에 관한 법률')에 따라 내무부 지역 당국에 등록해야 한다. 이때 등록 절차는 단수 입국 비자를 근로허가 기관과 연동해 갱신 가능한 복수 입국 비자로 전환하기 위해 반드시 거쳐야 하는 단계이다. 그러나 제재 이후 비자 전환이 막히면서, 2017년 입국한 한 노동자는 이 절차를 완료하지 못해 결국 불법 체류자 신분이 되었다(인터뷰 2).

러시아는 2007년부터 2017년까지 이러한 허가 기반의 이주 체계 하에서 북한 국적자에게 다수의 근로허가를 부여했다. 공식 통계에 따르면, 허가 건수는 2017년까지 매년 꾸준히 유지되다가 이후 급격히 하락하여 2019년 말 0건으로 떨어졌다. 이러한 감소는 신규 허가를 금지한 유엔 안보리 결의 제2375호(2017년 9월)와 2019년 12월 22일까지 모든 기존 노동자의 송환을 요구한 결의 제2397호(2017

---

64. 2016년 4월 5일 폐지되기 전까지, 연방이주청(FMS)은 근로허가와 취업비자 초청장(work visa invitations)의 발급을 관할하였다. 폐지 이후 그 기능·권한·인력은 내무부(MVD) 산하 이주문제총국(Main Directorate for Migration Affairs)으로 이관되었다.
Russian Federation. *Presidential Decree No. 156*, "*About Enhancement of Public Administration in the Sphere of Control of Drug Trafficking, Psychotropic Substances and Their Precursors and in the Sphere of Migration.*" 5 Apr. 2016; amended 2 Apr. 2025, CIS Legislation Database, <https://cis-legislation.com/document.fwx?rgn=84320>

년 12월)에 따른 것이다. 그러나 이러한 통계상의 감소는 북한 노동자의 실제 숫자를 반영하지 못한 것이며, 오히려 제재의 완전한 이행이라는 허상을 만들어내기도 했다.

표 5. 러시아 내 북한 노동자 대상 근로허가 발급 건수 (2007-2019)

연도	북한 노동자 수 (천 명)	연도	북한 노동자 수 (천 명)
2007	32.6	2014	30.7
2008	34.9	2015	30.4
2009	37.7	2016	29.1
2010	36.5	2017	24.1
2011	19.3	2018	8.0
2012	23.4	2019	0.0
2013	27.2		

출처: 러시아 연방 국가통계청

4.2.2. 제재 이후 우회 절차로의 전환

러시아는 표면상 유엔 제재를 충실히 준수하는 모습을 보임으로써, 불법 경로를 통해 북한 노동자를 계속 유입시키는 노력을 효과적으로 은폐했다. 불법 경로 중 가장 널리 사용된 방식은 노동자를 학생 신분으로 허위 등록시키는 것이었다. 이러한 수법은 제재가 발효된 이후 러시아에 학생비자로 처음 입국했거나, 출국 후 다시 학생비자로 재입국한 파견 노동자 다수의 인터뷰를 통해 확인되었다(인터뷰 1~15). 이 절차는 북한 기업소가 중개인을 통하여 노동자를 러시아의 대학교나 직업학교에 등록시키는 방식으로 이루어지며, 등록된 학생은 합법적인 학생비자로 입국하지만, 곧바로 '인턴십' 또는 '실습'이라는 명목 하에 전일제 건설직에 배치된다(인터뷰 2, 6). 러시아는 법률상 허구로써 유엔 제재를 우회할 수 있었으며, 이는 취업비자가 만료되어 귀국한 뒤 몇 달 후 학생비자로 재입국한 노동자의 사례에서도 확인된다(인터뷰 1, 2, 3, 11). 간혹 부차적인 방식으로 관광비자를 사용하는 경우, 노동자는 비자 갱신을 위해 3개월마다 북한으로 돌아가야 했다(인터뷰 2, 3).

취업비자가 만료된 후에도 러시아에 남아 있던 이들은 합법적 신분을 갱신할 수 없게 되어 불법 체류자가 되었고, 아직 취업비자가 만료되지 않은 동료의 유효한 서류 사본을 소지하고 다녔다. 경찰의 단속을 피해 일상생활을 영위하고 위조 서류에 의존해야 했던 사례들을 통해 신분 도용 실태를 확인할 수 있었다(인터뷰 2, 3, 8). 한 노동자는 인터뷰를 통해 그가 속한 집단이 러시아에 계속 체류하기 위해 사용했던 과정을 상세히 설명했다. 이들은 제재 이전에 유효한 취업비자로 입국했고, 비자가 만료된 후에는 다른 동료들의 만료되지 않은 취업비자 사본에 의존했으며, 마지막으로 제재 상의 송환 시한 이후에는 학생비자로 새로 도착한 노동자의 서류 사본을 사용했다(인터뷰 2). 이러한 위조 행위는 노동자들 사이에서는 공공연한 비밀이었고, 러시아 경찰도 종종 뇌물을 대가로 이를 묵인했다(인터뷰 2). 본 보고서의 인터뷰 대상자 15명 중 80%는 러시아 내 학생비자 신분이었으며, 나머지 20%는 다른 노동자의 서류 사본을 이용하여 체류했다.

학생비자를 이용하는 수법은 제재 상 송환 시한인 2019년 12월 22일 이후 통과된 중대한 법률 개정에 의해 제도화되었다. 2020년 6월 2일, 러시아는 국가 인가 기관에서 전일제로 공부하는 외국인 시민이 별도의 허가 없이도 일할 수 있도록 하는 연방법 제16-FZ호를 제정했다.[65] 학생이라는 지위와 근로할 수 있는 권리를 직접적으로 결부시킴으로써, 러시아는 '학생'을 노동자로 활용하는 데 있어 마지막으로 남아있던 행정적 장벽을 허물고 사실상의 편법을 성문화된 정책으로 전환시켰으며, 이는 북한 노동력의 유입을 장기적으로 지속하려는 러시아 정부의 의지를 시사하는 것이었다.

북한 노동자를 대상으로 하는 조직적 수법은 북한주민의 러시아 비자 발급과 관련된 공식 자료에서도 뚜렷하게 드러난다. 자료에 따르면 북한 국적자에게 발급된 취업비자 발급 건수와 학생비자 발급 건수 사이에 명확한 역전 현상이 나타난다. 제재가 시행된 이후 취업비자 발급 건수는 급감한 반면, 학생비자는 전례 없이 급증했다.[66] 결국 제재 이후 소수의 취업비자만 발급된 상황에서 학생비자의 비정상적 증가는 노동자를 학생으로, 계획적으로 재분류했다는 증언을 뒷받침한다.

---

65. 러시아 연방, 2020년 2월 6일자 연방법 제16-FZ호 『러시아 연방 내 외국인의 법적 지위에 관한연방법』 개정 — 러시아 직업교육기관 및 고등교육기관에 재학 중인 외국인 및 무국적자의 취업 절차 간소화 관련.(О внесении изменений в Федеральный закон "О правовом положении иностранных граждан в Российской Федерации" в части упрощения порядка трудоустройства в Российской Федерации обучающихся в российских профессиональных образовательных организациях и образовательных организациях высшего образования иностранных граждан и лиц без гражданства). <http://actual.pravo.gov.ru/content/content.html#pnum=0001202002060026>

66. 2017년 제재 채택 직후인 2018년과 2019년에 발급된 총 661건의 취업비자에 대해, 러시아 내무

공식 통계에 나타나는 비자 수치만으로는 실제 북한 노동자의 규모를 설명하기 어렵다. 상당수 노동자가 타인의 서류 사본에 의존하는 등 서류상 전혀 등록되지 않은 상태로 체류하기 때문이다. 현실과 서류상 수치의 불일치는 정부 기관 간 보고 수치에서도 확인된다. 2020년 초, 러시아 내무부는 2019년 한 해 동안 16,613건의 관광비자가 발급되었다고 기록했지만, 같은 기간 외무부는 단 14건만 보고한 바 있다.[67]

표 6. 러시아 내 북한 국적자 대상 비자 발급 건수 및 유형 (2015~2024)

연도	북한 시민 대상 총 비자 발급 건수	취업비자	학생비자	관광비자
2015	12,859	12,466	113	10
2016	12,075	11,853	62	9
2017	11,286	10,809	41	7
2018	4,975	232	3,124	2
2019	12,494	429	10,876	14
2020	1,583	0	1,469	0
2021	1	0	0	0
2022	0	0	0	0
2023	20	0	19	0
2024	9,240	0	8,617	6

출처: 러시아 연방 국가통계청

부 소속 올가 키릴로바(Olga Kirillova)는 이는 제재에서 예외로 인정된 기존 계약의 갱신에 해당한다고 설명하였다;

"Ольга Кириллова: более 300 тысяч украинцев получили гражданство РФ с 2014 года." *Интерфакс*. 3 Oct. 2017, <https://www.interfax.ru/interview/628692>

67. Andrew Osborn, "Russia Says It Missed U.N. Deadline to Repatriate North Korean Workers." *Reuters*, 24 Jan. 2020, <https://www.reuters.com/article/world/russia-says-it-missed-un-deadline-to-repatriate-north-korean-workers-idUSKBN1ZM2FC/>

4.2.3. 제재 회피의 핵심적 기관 행위자

국가 주도의 제재 회피는 조직적인 기관 행위자의 네트워크에 의존한다. 외교 기관 차원에서, 모스크바 주재 북한 대사관, 블라디보스토크 주재 총영사관, 하바롭스크 주재 영사관은 러시아 고용주 및 기타 중개인과 북한 노동자를 연결하는 핵심 촉진자로서 역할한다. 예를 들어, 모스크바 주재 북한 대사관은 북한 노동자 요청 신청서를 접수하는데, 그 과정에서 요청 건당 최소 100명의 노동자를 요청할 것을 조건으로 걸고 있으며, 비자 및 기타 비용을 명목으로 미화 약 1,600달러의 수수료를 부과하는 것으로 알려져 있다.[68] 또한 블라디보스토크 주재 북한 총영사관은 러시아 기업과 북한 하도급 업체 간의 중개 역할을 하면서, 북한 건설 인력을 공개적으로 광고하는 모습이 관찰되었다(전문가 4).

현장에서는 국제이주센터와 같은 준민간 성격의 중개 기관들이 인원 모집 및 배치와 관련한 실무를 관리하기 위해 등장했는데, 이들은 이러한 활동을 통해 제재 회피 수법 안에서 수익 모델을 만들어내고 있다 (전문가 10).[69] 국제이주센터는 텔레그램과 같은 온라인 메시지 플랫폼을 사용해 러시아 기업들과 국가 관리로부터 북한 노동자에 대한 요청을 받는 것으로 보인다. 특히 동시베리아 자바이칼스키 주(Zabaikalsky Krai)의 전 부지사 표트르 포포프는 현지 건설 프로젝트를 위해 노동자 5,000명을 직접 요청한 것으로 알려져있다.[70] 이에 더해 비즈니스 러시아와 같은 온라인 게시판에서는 표준 근로 허가 절차와 학생비자 제도 모두를 활용하는 북한 노동자 고용 방법에 관한 상세한 안내서까지 제공하고 있다.[71] 일부 북한 기업소는 중개인에 의존하지 않고 경영진의 인맥을 활용해 러시아 대학과 직접 협상함으로써, 북한에서 입국하는 노동자가 학생비자를 발급받을 수 있는 경로를 확보하기도 한다(인터뷰 5, 6).

이처럼 공식적 인력 요청이나 중개를 통한 거래가 포함된 다층적 체계에서 궁극적으로 핵심 역할을 하는 것은 공모 관계에 있는 러시아 교육기관이다. 극동연방대학교(Дальневосточный федеральный университет)(인터뷰 1, 5), 유럽 유스토 연구소(Европейский институт ЮСТО)(인터뷰 3, 10), 모스크바의 한 익명 로스

---

68. Kosmos Khoroshavin and Dylan Carter, "Workers of the World: Modern-Day Slave Labor Is Being Imported from North Korea into Russia despite a UN Ban." *The Insider*, 20 June 2025, <https://theins.ru/en/inv/282300>
69. Ibid.
70. Ibid.
71. "Как нанять в России рабочих из Северной Кореи в 2025 году: пошаговая инструкция." *Деловая Россия*, 7 May 2025, <https://www.business.ru/article/5541-kak-nanyat-v-rossii-rabochih-iz-severnoy-korei-v-2025-godu-poshagovaya-instruktsiya>

쿨(인터뷰 6) 등 여러 교육기관은 북한 기업소로부터 등록금을 받는 대가로, 학생 비자 발급에 필요한 허위 등록과 초청장을 제공한다.[72] 또한 이들 학교는 출석 기록 등의 문서를 위조하여 실제로는 전일제로 근무하는 북한 노동자가 '실습'에 참여하고 있는 것처럼 꾸민다(인터뷰 2, 6).

4.2.4. 건설 분야: 러시아의 전시 노동력 공백 메우기

러시아의 장기적인 군사 동원과 전쟁으로 인한 인구 유출은 특히 건설 분야에서 심각한 노동력 부족을 초래했다. 노동력 공백을 메우기 위해 러시아는 북한에게 눈을 돌렸는데, 북한 노동자는 규율 있고, 효율적이며, 저렴한 노동력이라는 평판 덕분에 수요가 높다.[73] 최근 몇 년간 러시아 내 북한 노동자 규모는 급격히 확대되었다. 초기 추정치는 2024년 말 약 4,000명이었으나, 2025년 초에는 수만 명으로 급증했다.[74] 2025년 4월, 한국 정보 당국은 최소 15,000명의 북한 출신 노동자가 러시아에서 일하고 있다고 보고했다.[75] 같은 해 6월, 러시아 개발업체인 에스카드라(*Eskadra*)라는 15만 명 이상의 북한 주민에게 지원서를 받았다고 주장했으며, 연말까지 러시아 내 북한 노동자 규모가 정보 기관이 보고한 수치의 약 세 배인 5만 명으로 늘어날 것으로 추산했다.[76]

이처럼 북한 노동자가 대규모로 유입되면서 러시아 기업들은 이제 일상적으로 한국어 통역사와 문화 교류 담당자를 채용하고 있다. 예를 들어, 모스크바에 본사를 둔 개발업체 스트라나 디벨롭먼트(*Strana Development*)는 건설 현장에서의 원활

---

72. 러시아의 유럽 유스토 연구소(The European Institute Justo)는 2021년 행정명령 제13722호(Executive Order 13722)에 따라 미국 재무부로부터 제재를 받았다.
"Treasury Sanctions Perpetrators of Serious Human Rights Abuse on International Human Rights Day." *U.S. Department of the Treasury*, 1 Dec. 2021, <https://home.treasury.gov/news/press-releases/jy0526>
73. 러시아 내 북한 노동자들에 대한 인식이 확대되고 있음은 다음 기사를 통해 잘 드러난다.
"Александр Новиков: северокорейские мигранты – идеальные работники." *Аргументы Недели*, 4 June 2025, <https://argumenti.ru/society/2025/06/953388>
74. "$263m a Year, 700,000 Tonnes of Rice, Space Tech: The Deal for North Korea Joining Russia's War." *The Straits Times*, 4 Nov. 2024, <https://www.straitstimes.com/asia/east-asia/us200m-a-year-700000-tonnes-of-rice-space-tech-the-deal-for-north-korea-joining-russias-war>
75. Matthew Luxmoore and Dasl Yoon. "North Korean Leader Kim Jong Un's Latest Gift to Russia Is Migrant Workers." *The Wall Street Journal*, 5 May 2025, <www.wsj.com/world/asia/kim-jong-uns-latest-gift-to-russia-is-migrant-workers-916693a4>
76. "Девелопер: количество строителей из Северной Кореи в России вырастет втрое." *Недвижимость РИА Новости*, 26 June 2025, <https://realty.ria.ru/20250626/chislo-2025542009.html>

한 의사소통을 위해 통역사 채용 공고를 냈다.[77] 이러한 지원 인력의 등장은 단순한 북한-러시아 간 불법 노동 거래의 '정상화' 그 이상을 시사하며, 운영 방식에서 전술적 변화가 나타나고 있음을 시사한다.

특히 러시아 기업이 자체적으로 통역사를 구해야 한다는 점은, 이들이 국제 제재 하에서 조사 대상이 될 수 있는 대규모 조달 계약 대신, 기존 인력에 쉽게 통합될 수 있는 임시 편성된 소규모 단위의 북한 노동자 그룹과의 계약이 점점 더 늘어나고 있음을 시사한다. 이러한 방식은 GENCO를 비롯한 제재 대상 북한 기업소가 수익 창출을 지속하기 위해 활용하는 핵심 전술이다.[78]

이러한 새로운 모델은 개별 노동자의 고통을 가중시킨다. 노동자는 여전히 소속 기업소에 대한 재정 할당액을 책임져야 하는 동시에, 이제는 스스로 고용주를 찾아 낯선 외국 노동 시장에서 홀로 생존해야 한다. 비록 북한 기업소는 더 이상 러시아 기업과 계약을 체결하지는 않더라도, 북한 당국은 여전히 이 구조를 통해 분산된 노동력을 감독하고 통제한다(전문가 10).

북한 노동자 증언 발췌문

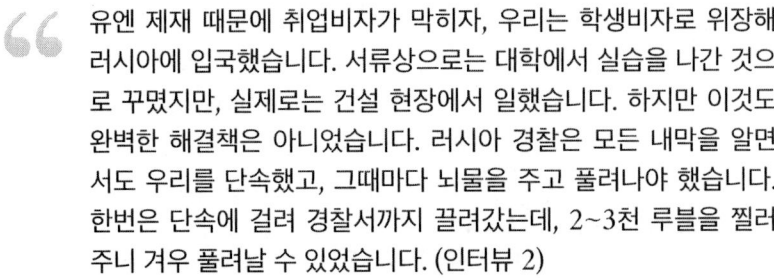

> 유엔 제재 때문에 취업비자가 막히자, 우리는 학생비자로 위장해 러시아에 입국했습니다. 서류상으로는 대학에서 실습을 나간 것으로 꾸몄지만, 실제로는 건설 현장에서 일했습니다. 하지만 이것도 완벽한 해결책은 아니었습니다. 러시아 경찰은 모든 내막을 알면서도 우리를 단속했고, 그때마다 뇌물을 주고 풀려나야 했습니다. 한번은 단속에 걸려 경찰서까지 끌려갔는데, 2~3천 루블을 찔러 주니 겨우 풀려날 수 있었습니다. (인터뷰 2)

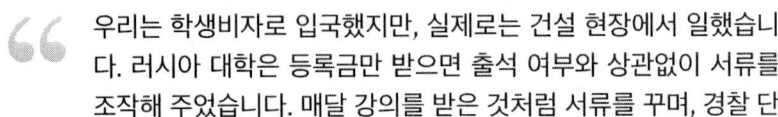

> 우리는 학생비자로 입국했지만, 실제로는 건설 현장에서 일했습니다. 러시아 대학은 등록금만 받으면 출석 여부와 상관없이 서류를 조작해 주었습니다. 매달 강의를 받은 것처럼 서류를 꾸며, 경찰 단

---

77. "В России ищут переводчиков с северокорейского для работы в МГИМО и на стройках." *Daily Storm*, 3 July 2025, <https://dailystorm.ru/obschestvo/v-rossii-ishchut-perevodchikov-s-severokoreyskogo-dlya-raboty-v-mgimo-i-na-stroykah>

78. 개별적으로 제재 대상이 된 다른 북한 기업들의 사례는 본고 제3.6절 "최전선: 러시아 내 위장 명칭과 작전"을 참조.

속에 대비했습니다. 경찰은 이런 사실을 알면서도 '왜 경영학을 전공하는 학생이 작업복을 입고 있냐'며 트집을 잡아 돈을 뜯어냈습니다. 결국 우리가 번 돈은 사방에 뇌물로 뿌려지기 바빴습니다. (인터뷰 6)

우리는 가짜 비자를 가지고 다녔어요. 우리 회사는 (거주) 승인을 못 받았으니까요. 이미 전에 들어와서 러시아 회사와 계약했던 다른 북한 회사들은 거주 승인이 내려와 증명서가 있었죠. 우리는 그걸 못 받았으니 불법 체류자 신세였고, 잡히기만 하면 추방당해야 했습니다. 그걸 막으려고 이미 허가받은 사람들 서류를 복사해서, 남의 것을 제 것 마냥 가지고 다녔습니다. 그 사람들 여권, 거주증, 그리고 건설 허가증까지 한 장에 다 복사해서 한 사람당 나눠줬죠. 건설허가증이라는 건 모스크바 어느 주에서만 일해야 한다는 허가서인데, 그것까지 위조해서 다녔습니다. 러시아 경찰들도 다 알면서 모르는 척했죠. 우리 얼굴을 잘 구별 못 하기도 하고, 뻔히 아니까요. 그래도 가끔 경찰서까지 끌고 가서 확인하겠다고 하면 딱 잡히는 겁니다. 그래서 항상 주머니에 2~3천 루블씩 넣고 다녔어요. 걸리면 1~2천 루블 찔러주면 '가라'고 보내줬으니까요. (인터뷰 2)

CHAPTER 5
현장 관리 및 노동 조건

러시아에 파견된 북한 노동자는 생산량 극대화와 완전한 복종을 위해 설계된 다층적 명령 체계에 편입되어 북한 내부의 경직되고 위계적인 통제 시스템을 해외에서도 그대로 적용받는다. 마치 북한이라는 국가의 축소판과 같은 체계 속에서, 노동자는 일상 업무나 재정적 자율성에서부터 의료 서비스 접근과 기본적 자유에 이르기까지 삶의 전반적인 측면을 국가에 의해 통제당한다. 그 결과, 국가 의무 노동과 강제 노동 사이의 경계가 모호해지는 착취 시스템이 형성된다. 해외 파견이라는 이른바 특권을 얻는 대가로 최소한의 '충성 자금'을 벌어야 하기 때문에, 자발적으로 지원한 노동자라 하더라도 사실상 선택의 여지 없이 노동을 수행할 수밖에 없다.

전면적 통제 시스템의 핵심 목적은 이탈 방지이며, 기업소 관리자가 이에 대한 개별적 책임을 진다. 이러한 절대적 의무는 노동자를 철저히 고립시키고 주체성을 박탈하는 전면적 통제 시스템으로 구체화된다. 노동자는 임금에 접근할 수 없고 극히 제한된 용도로 소액의 용돈만 지급받아, 경제적 자율성이 차단된다. 또한 노동자가 스스로 일자리를 구하는 행위가 원칙적으로 금지되며 외부와의 비공식적 접촉 기회가 차단된다. 이러한 체계에서 보위부원은 핵심적인 역할을 수행하며, 노동자에게 탈출 방지를 위한 충성심뿐 아니라 사상적 순수성까지 강요한다. 노동자는 체계 내부의 안정성을 위협할 수 있는 전복적 사상을 가지고 북한으로 돌아가지 않도록 외부의 영향과 미디어로부터 철저하게 차단된다.

5.1. 현장 관리: 북한 밖에 존재하는 또 다른 북한

해외에 위치한 북한 기업소의 최상위에는 3인 체제의 핵심 지도부가 있다. 기업소 사장(또는 지배인), 당비서, 보위부원으로 구성되며, 보위부원은 종종 부사장을 겸한다(인터뷰 2, 5, 6, 7, 12). 사장이 전체 사업 운영을 담당하지만, 노동자에 대한 국가적 통제 유지가 임무인 당비서와 보위부원의 권한이 우선시된다(인터뷰 6, 12). 러시아 기업과의 공식 법적 관계에서는 북한 외교 공관 소속 관료가 법적 대표 역할을 맡기에, 사장은 종종 대리 역할에 그치기도 한다(전문가 3). 이러한 위계 체제에서 당비서는 사상 교육을 감독하고, 보위부원은 사장을 포함한 파견 인원 전체의 반체제적 동향을 감시한다(인터뷰 2, 6). 이러한 구조는 기업소 규모와 관계없이 모든 해외 북한 기업소의 근간을 이룬다. 한편 재정지도원은 기업소의 자금을 통제하는 역할을 통해 상당한 권한을 가진다(인터뷰 11, 12).

노동자 집단은 작업반이라는 소규모 하부 단위로 묶이고, 여러개 작업반들이 묶여 직장 또는 작업소로 불리는 큰 단위를 형성한다(인터뷰 2, 5, 7). 한 직장의 인원은 100명 이상일 될 수 있으며, 1개 작업반은 수 명에서 30명 이상까지 다양하다. 작업반 구성은 주어진 프로젝트의 요구에 따라 달라진다(인터뷰 2, 3, 5, 8, 14). 각 직장은 직장장 또는 작업소장이 관리하는데, 이들은 군 관련 기업소의 경우 장교일 수도 있고, 혹은 파견 전 임명되거나 현장에서 승진한 민간 노동자가 맡는다(인터뷰 3, 8, 11, 12). 직장장은 기업소 사장, 부사장 또는 종합지도원에게 직접 업무 현황을 보고한다.

작업반은 작업반장이 이끌며 현장에서 충성심과 생산성을 기준으로 직장장이 임명한다(인터뷰 2). 일부 작업반에는 세포비서가 임명되어 기층 조직의 사상 통제를 감독하고 정기적인 사상 교육 이행을 보고한다(인터뷰 2, 5). 일부 작업소는 극히 제한된 소수 인원을 자율적으로 일감을 찾을 수 있는 단위인 '청부'에 배정하기도 한다(인터뷰 7, 8, 11, 12). '청부'는 독립적으로 일감을 확보할 능력이 있는 사람들에게만 허용되며, 이들은 기업소가 주선하는 일감에 의존하지 않고 자체적으로 일을 찾는다. 대신 '대방' 근로자보다 더 높은 상납액이 부과되며, 이러한 방식은 국가의 공식 승인이나 보고 체계 밖에서 운영되는 것으로 보인다. 특히 코로나19와 제재 이후 기업 간 계약이 위축되면서, 청부는 대안적 생존 전략으로 더욱 확산되는 경향을 보였다.

그림 3. 현장 관리 조직도 예시

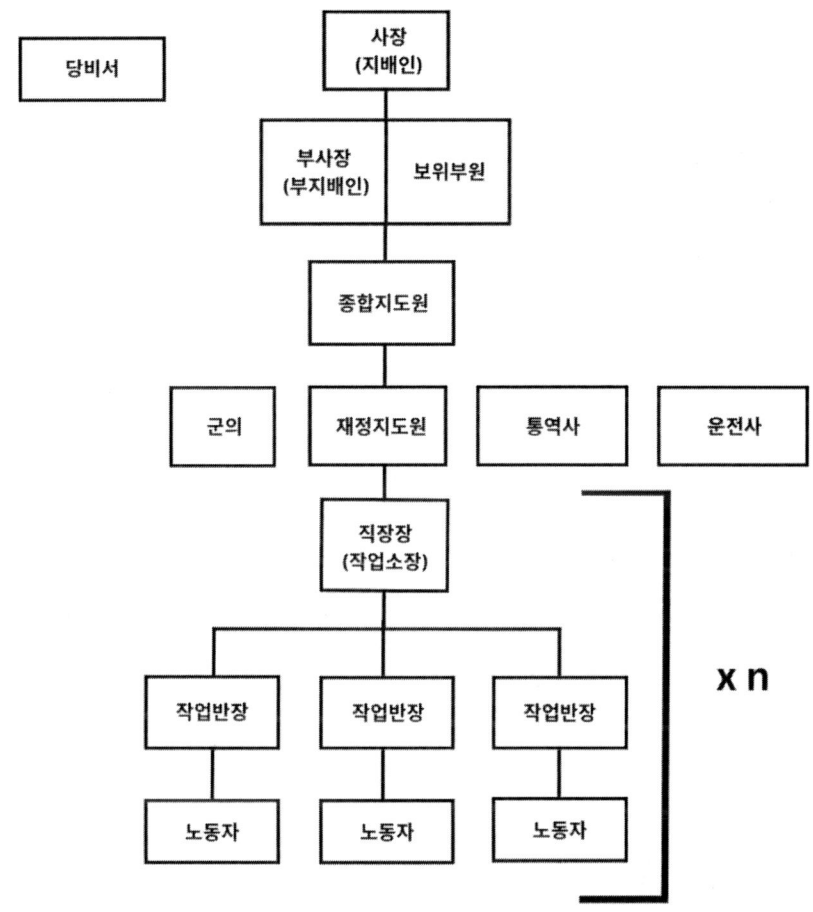

기업소의 행정 기능은 중앙의 사무실에서 수행되며, 이는 대체로 고위 관리자가 거주하는 임대 주택이나 빌라 형태이다(인터뷰 6, 11). 일반적으로 노동자는 이 사무실과 물리적으로 분리되어, 건설 현장에 마련된 별도의 열악한 숙소에서 생활한다. 노동자가 사무실로 불려가는 경우는 정기적인 사상 교육이나 징계 조치가 있을 때뿐이며(인터뷰 7, 8, 9), 보고 체계는 엄격히 유지된다. 노동자는 작업반장에게, 작업반장은 직장장에게 보고함으로써 지휘 계통이 형성되며, 노동자와 고위 지도부 사이의 직접 소통이 차단된다(인터뷰 12).

노동자와의 물리적 분리에도 불구하고, 최고위 관리자는 노동자에 대한 지속적이고도 전방위적인 감시를 유지한다. 보위부원은 일반 노동자 중에서 정보원을 선발해 감시망을 확장하며, 이들은 동료의 외국 미디어 시청, 정부 비판, 허가받지 않은 외부인과의 접촉 등 금지된 활동을 하는지 감시하는 임무를 맡는다(인터뷰 1, 6, 8, 9, 14). 이러한 강제적인 동료 감시 시스템은 북한 내부의 인민반 제도를 효과적으로 재현한 것이며, 노동자들 사이 신뢰나 연대를 차단하고 뿌리 깊은 편집증적 분위기를 조성한다. 이러한 시스템은 노동자에 국한한 것이 아니라 직장장조차 감시의 대상이며, 이들 또한 운영상의 일부 자율성을 확보하기 위해 보위부원에게 뇌물을 바친다(인터뷰 2, 6, 11, 12).

5.2. 착취적인 노동 조건

러시아 내 북한 노동자에게 적용되는 노동 시스템은 휴식, 공정 임금, 안전에 대한 기본권을 희생시키면서 자국으로의 송금액을 극대화 하도록 의도적으로 설계되어 있다. 이러한 노동 조건은 관리 부실이나 과실의 결과라기보다는, 노동자의 신체적·재정적 안녕보다 외화 획득을 우선시하는 국가 주도의 체계적 구조를 반영한다(인터뷰 3, 5, 7, 8, 9, 12, 14).

5.2.1. 근로시간과 휴식

표준 근무일이라는 개념은 존재하지 않으며, 노동자는 하루 12시간에서 17시간씩, 주 7일 내내 일하는데, 근무시간은 정해진 시간이 아니라 생산 할당량에 의해 결정된다(인터뷰 1, 2, 4, 6, 8, 9, 10, 14). 보통 오전 8시에 작업을 시작하지만, 과중한 작업량을 채우기 위해 정해진 종료 시간 없이 자정을 훨씬 넘길 때까지 계속되며(인터뷰 2, 6, 8, 10, 14), 휴식시간은 점심 식사시간을 겸한 30분에서 1시간 정도가 주어진다. 노동자들은 식사를 위해 움직이는 시간조차도 아끼기 위해 공사 중인 건물 상층에서 도시락을 먹는다(인터뷰 3, 8).

게다가 노동자는 유급 휴가나 병가가 보장되지 않으며 송금 할당량을 충족해야 한다는 지속적인 압박 때문에 휴일을 거의 가지지 못한다(인터뷰 4, 8, 10). 기껏해야 설날이나 김일성·김정일 생일 등 북한의 주요 명절에 무급 휴가만이 주어질 뿐이다(인터뷰 1, 3, 9, 11). 일부의 경우에는 러시아의 주요 공휴일에 모든 작업이 중단되기 때문에 어쩔 수 없이 쉬게 되기도 한다. 병에 걸리거나 부상을 당한 노동자 역시 생명이 위태로운 수준이 아닌 한 계속해서 일할 것을 요구받는다(인터뷰 2, 3, 6, 12, 14). 불가피하게 휴식을 취할 경우, 그 기간 동안 임금이 지급되지 않을 뿐만 아니라 생산성 손실에 대한 처벌을 받을 수도 있다(인터뷰 1, 2, 8, 11).

코로나19 봉쇄 기간에도, 북한 관리자는 정부가 할당한 송금액을 맞추기 위해 노동자들을 은밀히 작업에 투입했다(인터뷰 3, 6, 10). 러시아 당국이 건설 현장의 작업을 중단시켰음에도 불구하고, 노동자는 감시 드론을 피하도록 지시받고 상황이 안정되면 다시 작업에 투입되었다(인터뷰 10). 이는 현지 보건 규정을 명백히 위반한 것이며, 관리자가 노동자의 건강과 안전보다 생산성을 우선시했음을 보여준다.

5.2.2. 보수 및 경제적 자율성

러시아 내 북한 노동자에 대한 경제적 착취는 체계적이고 다층적으로 이루어진다. 노동자는 러시아 기업과의 협상에서 배제되어 고용 계약서를 받지 못하며, 자신의 노동 가치에 해당하는 임금액에 대해서도 거의 알지 못한다(인터뷰 2, 3, 4, 8, 11, 12). 명목상 공식임금이 존재하지만, 일련의 공제를 거쳐 받게되는 실제 수령액은 공식 임금의 일부에 불과하다(인터뷰 11, 14). 보수 산정 방식 역시 불규칙하며, 월급은 감독자의 주관적 평가와 임의적 추가 공제로 결정된다(인터뷰 2, 3).

노동자 한 명당 총수입은 월 600~1,000달러로 추정되며 이 수입에서 가장 먼저 북한 정부에 대한 '충성자금(국가계획분)'이 공제된다. 여러 인터뷰에 따르면, 관리자들은 이 금액이 500~800달러라고 주장하지만(인터뷰 3, 4, 6, 8, 9), 실제로 중앙 정부에 송금되는 금액은 통상 200~500달러 수준에 불과하다(인터뷰 6, 7, 14). 관리자들이 주장한 금액과 실제 국가 상납금의 차액은 기업소 운영비, 관리자 급여, 평양 소재 소속 부처 기여금, 기업소 사장의 사적 이익으로 흘러간다(인터뷰 14). 또한 관리자는 부하 직원들에게 인력 조달 대금이 실제보다 더 낮다고 속임으로써 직원들에게 돌아가야 할 금액을 착복하기도 한다(인터뷰 2, 11). 결과적으로 일부 노동자는 러시아 시장에서 자신의 노동을 통해 실제로 벌어들이는 금액의 10%밖에 받지 못하는 경우도 발생한다(인터뷰 5). 여기에 노동자는 종종 평양의 기념비 건설과 같은 임시 국가 사업에 기부금을 내라는 요구를 받기도 하며, 이로인해 노동자의 수입은 더욱 줄어들게 된다(인터뷰 3, 8).

기업소는 노동자의 개인 금융 활동을 철저히 차단한다. 노동자는 개인 은행 계좌 개설이 엄격히 금지되며(인터뷰 2, 4, 7, 8, 9, 12, 14), 이는 러시아에 도착하는 즉시 당비서나 보위부원에게 여권을 압수당함으로써 실질적으로 강제된다(인터뷰 1, 3, 4, 6, 11, 12). 대부분의 노동자는 자신의 전체 수입을 현금으로도 보유할 수 없으며, 러시아 기업이 지급하는 임금은 일괄적으로 관리자가 직접 수령하고 분배한다.

노동자들은 보통 간단한 장부를 통해 자신의 추정 수입을 통보받고, 실제 돈은 보지도 못한 채 서명해야 한다(인터뷰 2, 6, 7, 12, 14). 장부상 수입 중 월 1,000~3,000 루블의 소액의 용돈만 지급되며, 이로써 모든 개인적 필요를 충당해야 한다(인터뷰 6, 8, 14). 용돈이 턱없이 부족함에도 추가적인 자금 요청은 돈을 가진 노동자들이 게을러지거나 문제를 일으킬 가능성이 높다는 구실로 대부분 거부된다(인터뷰 2). 임금에 대한 접근이 지연되어 3년 계약으로 총 3,000달러를 받기로 약속했으나 실제로는 최종적으로 2,000달러만 지급받거나, 1년간 일하고도 고작 170달러만 받은 사례도 있었다(인터뷰 1, 8).

국제 제재가 도입된 이후 러시아가 편법적으로 제재를 회피하면서, 러시아 내 북한 노동자의 재정적 불안정은 한층 심화되었고 노동자는 북한 관리자와 러시아 당국 양측의 착취에 직면하게 되었다. 제재 시행 이후에 파견된 한 인터뷰 대상자는 자신과 동료들이 제재 이전의 노동자에게 발급되었던 노동허가증의 복사본을 사용할 수밖에 없었다고 증언했다. 현지 경찰이 단속할 때마다, 이들은 위조 서류를 소지한 혐의로 체포되지 않기 위해 뇌물을 주어야 했다(인터뷰 1).

송환 시한 이후, 기업소는 신규 노동자가 합법적으로 체류하는 것처럼 위장하기 위해 학생비자 확보에 점점 더 의존하게 되었다. 여러 인터뷰에 따르면, 고용주는 러시아 대학에 등록금을 지불했을 뿐만 아니라, 비자를 승인받는 데 필요한 등록 기록 및 '실습 훈련' 문서의 위조를 위해 뇌물을 상납했다(인터뷰 3, 5, 6, 7). 이러한 비용은 기업소 수입에서 공제되어, 고정적이거나 보장된 임금이 없는 노동자의 수입을 간접적으로 감소시켰다(인터뷰 6, 8). 기업소가 학생비자 발급 방안을 마련하지 못한 경우, 노동자는 최근에 러시아에 입국한 다른 북한 노동자의 학생비자를 복제하거나 빌려 사용했다(인터뷰 2, 7).

이러한 방법은 노동자에게 지속적인 적발 위험을 안겼으며, 위조되거나 재사용되는 서류를 소지한 노동자는 경찰 검문에 특히 취약했다. 다수의 증언에 따르면, 구금을 피하기 위해 보통 2,000~3,000 루블의 뇌물을 바쳐야 했으나(인터뷰 2, 6, 14), 이러한 단속 조치는 2022년 러시아의 우크라이나 전면 침공 이후, 북한 노동자에 대한 제재 집행이 우선순위에서 밀려나면서 대부분 중단되었다(인터뷰 6, 14).

5.2.3. 작업장 안전 및 의료 접근성

안전에 대해 경시하는 체계로 인해 북한 노동자는 지속적으로 위험한 작업 환경에 노출된다. 인터뷰 대상자들은 건설 현장에 공식적인 안전 교육이나 표준화된 수칙이 전혀 없다고 일관되게 증언했다. 러시아 발주 회사가 현지 규정을 준수하기 위해 헬멧이나 안전벨트와 같은 기본적인 보호 장비를 제공하는 경우는 있으나, 북한 관리자가 자체적으로 안전 장비를 지급하는 경우는 거의 없다(인터뷰 3, 8, 11, 12).

보호 장비가 있더라도 생산성을 저해한다는 이유로 사용을 제한하는 경우도 있다(인터뷰 1). 이로 인해 특히 추락사 등 심각한 부상과 사망이 빈번하게 발생한다(인터뷰 1, 8, 9, 10).

부상자 발생에도 불구하고 적절한 의료 서비스에 대한 접근은 체계적으로 차단된다. 이는 2017년 유엔 제재 이전부터 존재했으며, 북한 기업소는 작업 중 발생한 부상에 대해 의료비를 지원하지 않았다. 대규모 노동자가 파견된 기업소는 군의를 고용할 수 있지만, 이들은 기본적인 응급 처치 수준만 수행한다(인터뷰 1, 7). 그 이상은 비용 부담으로 인해 노동자 스스로 치료하거나 참을 수밖에 없다(인터뷰 1, 10). 의료 지원이 제공된다면, 이는 정책적 보장이 아니라 사장이나 직속 상사의 재량에 따른 것이다(인터뷰 1, 8, 11). 또한, 건강 검진에서 결핵과 같은 전염병이 발견되면 해당 노동자 집단 전체가 추방될 수 있어, 관리자는 노동자가 공식 의료 서비스를 받지 못하도록 막는다(인터뷰 6). 이러한 요인들은 의료 접근을 응급 상황으로만 제한하는 위험한 관행을 고착시켰다.

결국 병원 방문은 생명 위급 상황으로 제한되며, 가능한 한 오래 지연된다. 이는 북한 노동자들에게 이틀 간의 무료 응급 치료를 제공하는 러시아 정부 정책과도 관련된다(인터뷰 2, 3). 이 정책은 노동자로 하여금 임금에서 공제되는 치료비를 아끼게 하기 위해 증상이 악화될 때까지 기다리도록 유도한다고 볼 수 있다(인터뷰 2). 이렇듯 의료 접근을 응급 상황으로 한정하는 방식은 2007년 북러 양자 노동 협정 제8조와 맞닿아 있으며, 해당 조항은 러시아가 북한 노동자에게 무료 응급 치료만 제공하고 그 외 보건 문제는 북한에 일임한다고 규정하고 있다.

제재가 강화된 이후에도 러시아 파견이 계속되면서 대다수의 북한 노동자는 학생 비자나 위조 서류 등 비정규 비자에 의존할 수밖에 없었다. 그 결과, 양국 협정이 보장하는 응급 의료 서비스 권리를 보장받을 수조차 없게 되었다. 인터뷰에 따르면 일부 노동자는 심각한 골절 등 큰 부상을 입고도, 비자나 신분 위조가 드러나 추방될까 두려워 병원 치료를 포기한다고 증언했다(인터뷰 2, 5, 8, 10).

코로나19 팬데믹은 의료 접근에 있어서의 구조적 문제를 더욱 부각시켰다. 일부 기업소의 경우 마스크 착용과 같은 기본적인 보건 수칙을 이행했으나, 노동자는 마스크 비용을 임금에서 공제하는 식으로 부담해야 했다(인터뷰 4). 백신 접근성도 일관되지 않아, 일부 기업소는 김정은 지시에 따라 현장 접종을 마련했으나(인터뷰 2, 6, 10), 다른 기업소는 전혀 접종 기회를 제공하지 않았다(인터뷰 3).

5.3. 작업장 내에서의 폭력

신체적 폭력은 러시아 내 북한 노동자의 삶에서 일상화된 통제 수단으로 자리 잡고 있다. 노동자는 작업 속도가 느리거나 실수를 하거나 불복종의 기미를 보인다는 이유로 작업반장, 직장장, 보위부원 등 상급자에게 반복적으로 구타를 당한다(인터뷰 1, 9, 10). 한 노동자는 사적인 문제를 보고하지 않았다는 이유만으로 보위부원에게 폭행당한 일을 설명하며, 폭력이 절대적 복종을 강제하는 수단으로 사용됨을 증언했다(인터뷰 9).

과중한 노동과 극도의 스트레스는 노동자 사이에서의 폭력으로 이어지기도 했다. 노동자 간 충돌은 정기적으로 발생했으며, 주로 인간관계 갈등이나 생활·노동 과정에서의 극심한 심리적 압박에서 비롯되었다(인터뷰 2, 10). 관리자는 다툼이 생산성 저하나 외부의 주목을 불러올 정도로 격화되지 않는 한 개입하지 않았다. 상급자와 동료로부터 가해지는 폭력은 만연해 있으며, 노동자는 끊임없는 공포와 불안, 심리적 고통에 노출되었다.

북한 노동자 증언 발췌문

> 우리는 스스로를 '365 근무대'라고 불렀어요. 그 말 한마디면 다 설명되죠. 쉬는 날이 없어요. 설날 하루 쉬는 게 전부였어요. 1년 365일 일하는 겁니다. (인터뷰 14)

> 주 7일을 일했어요. 한 달에 하루 정도 쉬었죠. 휴일이라는 게 없어요. 설날이나 김일성 생일 같은 국가 명절에 하루 이틀, 1년에 총 3~4일 정도 쉬는 게 전부인데, 그것도 러시아 현장이 문을 닫아서 어쩔 수 없이 쉬는 거지, 유급 휴가가 아니에요. (인터뷰 3)

> 임금은 장부상으로만 존재했습니다. '김뚤뚤, 1월 150불, 2월 200불' 이런 식으로 장부에 기록하고 사인을 하게 했지만, 그 돈을 실제로 만져본 적은 없습니다. 아파서 하루 이틀 일을 빠지면, '너 태도가 아주 불량해, 2월달은 돈 없는 걸로 하자' 이런 식입니다. 3년 일하고 돈이 없을 수도 있는 거예요. 장부가 비에 젖어 못 쓰게 되

면, 관리자가 기억에 의존해 마음대로 다시 작성하기도 합니다. 노동자들 월급이 그냥 날아가는 겁니다. (인터뷰 6)

> 1년 동안 일하면서 담배도 끊고, 상점에 가보지도 못했어요. 그렇게 차곡차곡 모은 돈이 170달러더라고요. 나도 어처구니가 없었죠. 새벽 세 시, 네 시까지 일했는데 170달러? 계획분으로 한 달에 4만 루블을 바치는데, 알고 보니 국가에 바치는 돈은 2만 루블 정도밖에 안 됐어요. 나머지는 사장, 직장장들이 중간에서 다 떼먹는 거죠. (인터뷰 8)

> 작업소장이었던 나도 어쩔 수 없었어요. 회사에서는 계획분을 맞추라고 압박하고, 나는 그 압박을 노동자들에게 전가해야 했죠. 러시아 대방과 계약한 금액은 나만 아니까, 노동자들에게는 훨씬 낮은 금액을 제시하고 그 차액을 챙겼습니다. 그렇게 하지 않으면 나 역시 살아남을 수 없었습니다. 한 달에 7,500달러라는 계획분을 맞추기 위해 노동자들은 새벽까지 일해야 했고, 나는 그들의 피와 땀으로 내 배를 채웠습니다. (인터뷰 12)

> 직장장이나 작업소장 같은 중간 관리자들도 살아남기 위해 노동자들을 착취할 수밖에 없는 구조입니다. 그들 역시 더 높은 상급자에게 뇌물을 바쳐야 하고, 충성심을 보여야 다음 파견 기회를 얻을 수 있기 때문입니다. 예를 들어, 내가 노동자에게 100원짜리 양말을 사주고 장부에는 500원으로 기록하면, 그 차액은 고스란히 나의 주머니와 상급자에게로 흘러 들어갑니다. 이런 착취의 고리가 계속해서 이어지는 것입니다. (인터뷰 3)

> 안전 교육 같은 건 없었어요. 다치면 다 자기 몫이에요. 회사에서 해주는 거 없어요. 3미터 높이에서 떨어지면서 무릎이 나가고 걷지도 못했는데, 석 달을 그렇게 누워있었어요. 개자식들. 약 같은 것도 안 줬어요. 의사도 없었고. 석 달 동안 일을 못 해서 돈을 못 벌었는데, 연간 바쳐야 하는 7,500달러는 무조건 내라고 하더만. 할 수 없지. 사고 전에 벌었던 돈으로 그걸 메꿔야 했어요. (인터뷰 2)

> 동료 하나가 다쳤어요. 그라인더를 쓰다가... 발등을 잘라먹었어. 피가 콸콸 쏟아지는데. 병원은 못 가요. 여권도 없고, 우리가 누군

지 증명할 방법이 없으니까. 그냥 옷을 찢어서 감아줬어요. 며칠 있다가 붕대를 구해서 다시 감아주고. 그냥 참고 낫기를 기다리는 수밖에 없었어요. 그게 현실이에요. (인터뷰 10)

CHAPTER 6
작업장 밖에서의 생활

북한의 해외 노동자에 대한 통제는 단순히 작업장에 국한되지 않고 생활 전반을 포괄한다. 무엇보다 노동자는 어디에서, 어떻게 거주할지 스스로 선택할 수 없다. 노동자는 기업소가 지정한 숙소에 배치되며, 이는 대부분 작업장 내부나 인근에 위치한다. 이러한 숙소는 노동자를 위한 복지 목적이 아닌 초국가적 억압의 수단으로 제공된다. 숙소는 일상생활에 필요한 개인 공간조차 거의 없고, 잠시 몸을 누일 수 있는 최소한의 생존 환경만 갖추고 있다. 거주지뿐 아니라 의사소통·이동·정보 접근도 철저히 제한된다. 그 결과 노동자는 해외에 체류하는 동안 관리자에게 전적으로 의존하게 되고 외부 세계와의 접촉은 극도로 차단된다.

6.1. 주거와 사생활

대다수 해외 파견 북한 노동자는 기업소가 지정한 숙소에서 생활하며, 이는 대체로 작업장 안이나 근처에 위치한다. 가장 흔한 형태의 숙소는 개조된 운송용 컨테이너로, 폭이 2미터(약 6피트)도 되지 않는 공간에 최대 30명이 이층 침대에 비좁게 생활한다(인터뷰 1, 2). 일부 노동자는 자신이 짓고 있는 건물의 지하실이나 미완성된 층에서 강제로 거주한다(인터뷰 3, 8). 이러한 공간은 불결하고 부실해 단열이나 난방기능조차 제대로 갖추지 못해, 영하로 떨어지는 러시아의 혹독한 겨울 속에서 노동자들에게 극심한 고통을 안겨준다(인터뷰 3, 7). 개인 위생 문제도 심각하다. 대부분 일주일에 한 번, 그것도 찬물로만 씻을 수 있어 영하의 날씨에 피부가 갈라지는 등 신체적 고통을 겪는다(인터뷰 3). 과밀한 거주 환경과 열악한 위생은 이와 빈대의 번식을 부추겨 노동자의 신체적·정신적 고통을 한층 가중시킨다(인터뷰 6).

집단생활을 강요받는 것에 더해, 북한 노동자는 사생활의 권리를 박탈당한 채 일상 전반에서 끊임없는 감시를 받는다. 모든 북한 기업소에는 보위부원이 배치되며, 그의 핵심 임무는 노동자들을 감시하는 것이다. 이 체계는 보위부원이 직접 선발한 정보원들로 더욱 강화된다. 이들은 작업 단위마다 전략적으로 배치되며, 때로는 노동자 다섯 명당 한 명꼴로 투입되기도 한다. 정보원의 임무는 사상적 변질의 조짐, 현지인과의 허가되지 않은 접촉, 탈출 시도 등을 보고하는 것이다(인터뷰 1, 6, 8, 9). 그 결과 노동자는 끊임없는 의심과 공포 속에서 살아야 하며, 이는 북한 내부의 통제 메커니즘을 그대로 재현한 것이다.

궁극적으로 이러한 억압 체제는 폭력을 통해 유지된다. 노동자는 질문에 대한 답으로 개인사를 밝히지 않는 사소한 일로도 보위부원에게 구타를 당할 수 있고, 게으름이나 불복종이 의심된다는 이유만으로도 작업반장에게 폭행을 당한다. 이러한 폭력 행위는 단순한 처벌이 아니라 의도적인 권력 과시이며, 강압과 공포에 뿌리를 둔 경직된 위계질서를 더욱 공고히 한다(인터뷰 1, 9, 10).

6.2. 식료품 및 기본 생필품에 대한 접근성

북한 노동자는 대체로 식료품을 개인적으로 구입할 수 없다. 기업소가 제한된 몇 가지 종류의 식자재만 제공하고, 노동자는 개조된 운송용 컨테이너에 마련된 임시 공동 주방에서 직접 식사를 준비해야 한다(인터뷰 1, 2, 3, 6). 제공되는 음식은 쌀·배추·감자·돼지껍질 위주의 단조로운 식단으로, 질이 낮고 영양도 턱없이 부족하다(인터뷰 3, 8). 극단적인 사례로는, 1년 동안 빵으로만 버티며 영양실조와 극심한 심리적 피로에 시달린 노동자도 있었다(인터뷰 12). 고된 육체노동에 비해 제공되는 식사량 또한 자주 부족하여, 일부 현장 관리자는 노동자의 부족한 배급을 메우도록 비밀리에 불법 부업을 주선하기도 한다(인터뷰 1).

비누, 치약, 의복 등 다른 기본 생필품 또한 철저한 통제 대상이다. 노동자는 이를 직접 구매할 경제적 자유가 없으며, 일부 증언에서는 지정된 상점에서 물품을 살 수 있도록 월 1,000~2,000루블(약 10~20달러)의 소액이 지급되기도 했다(인터뷰 1, 7). 일반적으로 노동자들은 필요한 생필품 구매 요청서를 관리자에게 제출하고, 요청받은 물품을 관리자가 대리구매하는 구조이다(인터뷰 2, 3, 7). 이러한 방식은 개인의 자율성을 제약할 뿐 아니라, 관리자가 가격을 부풀려 임금에서 직접 공제함으로써 착취의 수단이 되기도 한다(인터뷰 3).

6.3. 이동, 정보, 통신

사상 통제를 유지하고 탈출을 막기 위해 북한 당국은 해외 노동자의 이동, 통신, 정보 접근을 체계적으로 제한한다. 노동자는 러시아에 도착하자마자 보위부원이나 당비서에게 여권과 각종 개인 서류를 즉시 압수당한다. 이는 그들을 법적으로 무력화시키고 관리자에게 종속시키려는 조치이다(인터뷰 1, 2, 4, 6, 12). 노동자에게 남는 것은 법적 효력이 없는 종이 사본뿐이며(인터뷰 2, 3, 7), 제재 이후 이러한 불안정은 더욱 심화되어 많은 노동자들이 타인의 노동 허가증 사본이나 위조된 학생 비자에 의존하게 되었다(인터뷰 2).

업무시간 외에도 노동자의 이동은 지정된 작업장과 숙소를 벗어날 때마다 반드시 현장 관리자의 사전 승인을 받아야 한다(인터뷰 1, 3, 6, 8). 작업장이나 숙소에서 이동하려면 목적을 미리 밝히고 허가를 받아야 하며, 허가가 나더라도 반경 100-200미터 내에서만 움직일 수 있다. 또한 상호 감시가 가능하도록 반드시 두 명 이상이 함께 이동해야 한다(인터뷰 1, 3, 6, 8, 9, 12). 다만 코로나19 팬데믹 동안 기업소 주도의 물자 조달이 불안정해지자, 일부 노동자에게는 예외적으로 도매시장을 방문해 식료품을 구매하거나 주택 보수 등 개인 고객에게서 일을 수주할 수 있는 있는 예외가 허용되기도 했다(인터뷰 2). 그러나 사전 승인 없이 이동할 경우 이는 즉시 탈출 시도로 간주되며, 강제 송환이라는 중대한 처벌로 이어질 수 있다.

북한 노동자는 개인 휴대전화나 전자기기를 소지하는 것 또한 금지된다(인터뷰 1, 3, 4, 9, 10). 관리자는 통화와 문자만 가능한 기본형 휴대전화를 업무용으로 사용할 수 있지만, 스마트폰이나 인터넷 연결이 가능한 기기는 전면 금지된다. 그럼에도 많은 노동자들이 은밀히 중고 스마트폰을 구한다. 현장에서 함께 일하는 타국 출신 노동자로부터 선물로 받거나, 버려진 기기를 주워 쓰거나, 북한 담배를 팔아 번 돈으로 구입하는 방식이다(인터뷰 1, 2, 3, 9, 12). 노동자에게 스마트폰은 단순한 오락을 넘어, 심리적 버팀목이자 바깥 세상과 연결될 수 있는 거의 유일한 창구이다.

기기 사용에 대한 단속은 밀고자를 통해 집행된다. 이들은 동료의 소지품을 수색하거나 인터넷 사용 기록을 확인하며, 심지어 동료가 잠든 사이에도 검사한다(인터뷰 1). 처벌 수위는 위반 정도에 따라 다르다. 단순 소지는 압수로 끝날 수 있지만, 한국 미디어 같은 금지 콘텐츠에 접근한 경우에는 정치범죄로 간주되어 즉각 송환될 수 있다(인터뷰 2, 6, 8, 9, 10). 그러나 보위부원에게 뇌물을 주고 처벌을 피하는 경우도 있어 집행이 항상 일관적이지는 않다. 특히 코로나19로 송환이 중단된 시기에는 전반적으로 감시가 느슨해졌다는 증언도 있다(인터뷰 1, 2).

북한은 해외 노동자의 외부 정보 접근뿐 아니라 고향에 남은 가족이나 지인과의 소통도 철저히 통제한다. 주요 연락 수단은 편지이며, 이는 북한의 세관에서 검열된다(인터뷰 1, 2, 6, 11). 편지는 북한으로 돌아가는 관리자, 외교관, 항공사 직원 등 믿을만한 인물들에게 전달되지만, 도착까지 3개월 이상이 걸리기도 해서 많은 노동자들은 가족과 정기적으로 연락하기를 포기한다(인터뷰 1, 2, 7, 11).

송금 역시 동일한 비공식 경로를 거쳐야 하며, 이때 보통 송금액의 약10%가 수수료로 요구된다(인터뷰 7). 돈이 실제로 전달되었는지는 편지나 구두 메시지로만 확인할 수 있어, 노동자는 가족이 돈을 제대로 받았는지 오랜 시간 불안에 떨게 된다(인터뷰 7). 일부 군인 노동자의 경우 아예 편지나 송금이 일절 허용되지 않았다(인터뷰 1). 안정적이고 자유로운 소통 수단의 부재로 인해 노동자는 가족의 안부를 확인할 방법이 없게 되어 항상 근심 속에 살아가게 된다.

6.4. 사상이념적 통제

외부 사상에 노출되는 것을 차단하고 체제에 대한 충성심을 강화하기 위해, 북한 해외 노동자는 정기적인 사상 교육에 의무적으로 참여해야 한다. 가장 빈번히 열리는 것은 '생활총화'로, 원칙적으로 매주 실시된다(인터뷰 2, 6, 7, 9). 노동자는 '생활총화'에서 상호 비판과 자기 비판에 참여해야 하는데, 이는 규율을 강화하고 사적 연대가 형성되는 것을 억제하기 위한 장치이다. 주간 총화 외에도 노동자는 매월 열리는 '정치사상교육'에 참여해야 하며, 교육 시간동안 당비서는 북한에서 직접 전달된 자료를 바탕으로 국가정책과 당의 지침을 전달한다(인터뷰 2, 3, 6, 9). 일부 집단은 김정은의 행보를 담은 국가 승인 보도문을 읽기 위해 매일 아침 30분간 모임을 갖기도 한다(인터뷰 6).

다만 이러한 교육의 실제 운영 방식은 현장마다 차이를 보인다. 사상 교육은 공식적으로 의무 사항이지만, 작업 일정이 우선시되면서 매주 정기적으로 열리지 못하는 경우가 많다. 이에 따라 현장에서는 종종 한 달에 한 번, 직장 관리자가 긴 모임을 열어 내용을 몰아 진행한다(인터뷰 3, 4). 경우에 따라서는 교육이 단순한 행정적 절차로 축소되기도 한다. 예컨대 현장에서 임명된 세포비서가 실제 모임을 열지 않고 노동자로부터 서명이나 간단한 진술서를 받아 규정을 준수했음을 문서화하는 방식으로 이루어지기도 한다(인터뷰 2). 이러한 문서들은 당비서에게 제출되어 보관된다. 주목할 점은 일부 관리자들이 과도한 심리적 압박이 노동자의 탈출을 부추길 수 있다는 우려로 비판 수위를 의도적으로 낮추기도 한다는 점이다(인터뷰 1). 이러한 실용적 태도는 국가의 이념적 요구와 노동 생산성 극대화라는 경제적 필요 사이의 근본적 긴장을 보여준다.

북한 노동자 증언 발췌문

> 숙소는 사람이 살 곳이 아니었습니다. 20층짜리 아파트를 지으면, 아직 공사가 끝나지 않은 1층에서 생활했습니다. 심지어 2층에서 떨어진 동료도 있었습니다. 다행히 크게 다치지는 않았지만, 그런 위험한 환경에서 매일 밤을 보내야 했습니다. 제가 작업소장을 할 때는 노동자들이 비 오는 날 비닐 한 장 뒤집어쓰고 일하는 모습을 사진으로 다 찍어두기도 했습니다. 한국의 노숙자들보다 더 처참한 생활이었습니다. (인터뷰 12)

> 우리는 건설 현장 컨테이너에서 살았어요. 그게 제일 싸니까요. 보통 대여섯 명이 같이 살았어요. 일반적인 크기의 컨테이너였죠. 군대에서 쓰는 것 같은 2층 침대 두 개를 마주 보게 놓고 나면, 가운데에 한두 사람이 겨우 지나갈 수 있는 공간만 남았어요. 그런 침대 네 개를 들여놓으면 컨테이너가 꽉 찼죠. 겨울에는 추웠지만, 전기 라디에이터를 두세 개씩 놔서 괜찮았어요. 러시아는 전기가 풍부하니까, 정전만 안 되면 춥게 지내지는 않았어요. (인터뷰 2)

> 이르쿠츠크의 겨울은 영하 40도까지 내려가는데, 우리가 지내는 곳은 집도 아닌 창고 같은 곳이었습니다. 수도 시설도 제대로 되어 있지 않아 엄동설한에 눈을 녹여 물을 써야 했습니다. 목욕은 한 달에 한 번 할까 말까였고, 전기 히터로 물을 데워 복도에서 겨우 몸을 씻는 수준이었습니다. 그런 비참한 생활을 견디다 못해 "차라리 북한으로 돌아가겠다"고 버티자, 작업소장이 달려와 3시간 동안 설득하며 저를 말렸습니다. (인터뷰 9)

> 돼지 껍데기를 하루 세 끼 먹었습니다. 한국에서 먹는 그런 별미가 아니라, 도축장에서 동물 사료용으로나 쓰는 두꺼운 돼지 껍데기였습니다. 그걸 계속 졸여서 기름을 빼고 꼬들꼬들하게 만들어 먹었습니다. 아침에는 다들 입맛이 없어 밥을 잘 먹지 않았는데, 남은 쌀을 외국인 노동자들에게 주고 술과 바꿔 먹기도 했습니다. 그나마 다행인 것은 제가 요리사 역할을 하면서 남는 부식물로 사람들에게 술을 먹여줄 수 있었다는 점입니다. (인터뷰 10)

> 감시는 체계적이고 항시적으로 이루어졌습니다. 보위부원이 직접 감시하기도 하고, 노동자들 사이에 심어놓은 스파이를 통해 동향을 파악했습니다. 5명당 1명꼴로 스파이가 있었는데, 시간이 지나면 누가 스파이인지 대충 눈치챌 수 있었습니다. 서로가 서로를 감시하는 시스템 속에서 늘 말을 조심해야 했습니다. (인터뷰 6)

> 외출이 허용되지 않아요. 사전 보고하고 승인받아도 이유가 없어요. 필수품 같은 건 작업소장이 다 사다 주게끔 되어있지, 개인적인 행동이 절대로 허용되지 않았어요. 작업소장 같은 윗급이나 어느 정도 이동이 가능했던 것 같아요. (인터뷰 3)

> 가족한테 돈을 보낼 수 있었어요. 회사 재정관을 통해서요. 부탁하면 보내줘요. 돈을 받았다는 확인은 북한에 있는 우리 파견과에서 가족에게 연락해서 확인하고, 그 결과를 러시아 회사로 팩스로 보내줘요. 직접 연락은 못하죠. 모든 게 회사를 통해서 이루어졌어요. 사장이 북한에 있는 자기 인맥을 이용하는 거죠. 300달러를 보내려면 수수료로 90달러를 더 줘야 했어요. 수수료가 30%나 됐죠. (인터뷰 5)

> 관리자, 그러니까 작업반장 이상만 통화나 문자만 되는 기본 휴대폰을 가질 수 있었어요. 나중에는 사진이나 문서를 보내야 한다는 이유로 스마트폰도 허용됐지만, 인터넷은 쓰지 말라는 조건이 붙었죠. 물론 그걸 일일이 확인할 방법은 없었지만요. 하지만 누가 보고 보위부원에게 걸리면 큰일 나는 겁니다. 외부 미디어를 보다 걸리면 처벌이 심각했어요. 처음에는 휴대폰을 뺏고, 심하면 본국으로 송환시켰죠. 코로나 사태 이후에는 송환을 못 시키니까 뺏는 게 전부였지만요. (인터뷰 6)

CHAPTER 7
북한으로의 송환 및 재통합 과정

북한으로의 귀환은 노동 파견 기간이 끝나서든 단기 방문이든, 결코 단순한 귀향이 아니다. 그것은 광범위한 심문, 사상적 재적응, 국가 권위의 재확인을 포함하는 철저히 통제된 과정이다. 해외 근무 실적이나 충성심과 무관하게, 모든 송환 노동자는 외부 세계에 노출되었다는 자체만으로도 의심의 대상이 된다. 따라서 이들은 의무적인 조사와 사상 평가를 거쳐야 한다. 본 장에서는 러시아 파견견 북한 노동자의 본국 송환과 재통합 과정, 그리고 그 경험들을 살펴본다.

7.1. 재입국과 재통합의 일반적 과정

노동자가 북한으로 돌아가는 이유는 다양하다. 일부는 파견 기간이 끝나 완전히 송환되지만, 많은 이들이 행정적 절차나 개인 사유로 잠시 귀국한다(인터뷰 9, 12). 2017년 유엔 제재 이후 다수의 노동자들이 소환되었고, 이후 학생비자 등 새로운 비자 형태로 다시 해외에 파견되었다(인터뷰 3, 4, 6, 10). 가족 방문과 같은 단기 귀국은 주로 관리직에 국한되며(인터뷰 11, 12), 일반 노동자는 거의 불가능하다. 왕복 비용만 최대 1,500달러에 달하고, 부재로 인해 상납액을 충족하지 못하면 기업소 수익에 손실이 발생하기 때문이다(인터뷰 9, 14). 이로 인해 대부분은 개인 사유의 귀국을 스스로 포기하거나 억제당한다(인터뷰 9).

모든 재입국 노동자는 엄격한 보고 절차를 거쳐야 한다. 이 과정은 수일에서 길게는 한 달까지도 이어지며, 해외 체류 동안의 활동을 상세히 기록한 보고서를 제출해야 한다. 보고서는 도(道)보위부나 파견 기업소를 관할하는 당위원회에서 검토된다(인터뷰 3, 6, 8). 보고서는 사실상 사상적 자백서로 기능하며, 외부 사상 노출 여부와 일탈 행위를 기록해 귀환 노동자의 정치적 신뢰도를 평가하는 데 활용된다(인터뷰 7). 과정 전반에는 부패가 깊이 자리 잡고 있으며, 보고 기간을 단축하거나 조사의 강도를 낮추기 위해 뇌물이 흔히 사용되며, 한 노동자는 100달러를 건네 한 달간 보고서 작성 의무에서 벗어날 수 있었다고 증언했다(인터뷰 3).

국가 통제는 물품 반입 규제에서도 드러난다. 전자기기, USB·SD카드와 같은 디지털 저장 매체, 외국 간행물, 개인 사진은 모두 반입이 금지된다(인터뷰 4, 6, 8, 10). 한국이나 미국산 물품은 물론, 청바지와 같이 서구적 이미지를 드러내는 의류나 상품도 압수 대상이다(인터뷰 1, 6). 노동자는 국내 물자 부족에 대응해 러시아산 의약품을 들여오려 하지만(인터뷰 11), 대부분은 세관에서 압수되며 뇌물을 건네야만 통과할 수 있다(인터뷰 6).

군 소속 노동자의 재통합 과정은 특히 가혹하다. 이들은 귀가조차 허락되지 않고 파견 부대의 막사에 구금된다(인터뷰 3, 10). 그곳에서 간부들은 해외에서 얻은 돈이나 물품을 빼앗기 위해 노동자를 학대하고 갈취한다(인터뷰 3, 10). 한 노동자는 충분한 자금을 가져오지 않았다는 이유로 '개만도 못한 취급'을 받으며, 겨울철에 속옷만 입은 채로 석탄을 퍼내야 했다고 증언했다(인터뷰 10).

7.2. 강제 송환

북한 노동자, 특히 탈출을 시도하는 이들의 강제 송환은 탈북을 차단하려는 평양의 이해를 관철하기 위해 마련된 양자 협정에 근거해 이루어진다. 2016년에 체결된 '불법 입국자와 불법 체류자 수용과 송환에 관한 협정'은 러시아가 입국·출국·체류 규정을 위반한 북한 사람을 본국에 송환할 수 있는 공식 절차를 마련했으며, 그 결과 러시아는 탈북자에게 더 이상 안전한 곳 일 수 없게 되었다.[79] 이 정책은 러시아 도착 직후 북한 당국이 노동자의 여권과 법적 서류를 압수하는 체계적 관행으로 더욱 공고해졌다. 신분증을 빼앗긴 노동자는 러시아 법상 불법 체류자로 간주될 뿐, 인권 침해로부터 도피한 개인에 대한 법적 보호 장치가 부재한 상황에 놓인다. 러시아 경찰은 개인의 지위나 송환 이후 직면할 위험을 검토하기보다는 체포 후 북한 당국에 인도하는 쪽을 택하는 경우가 압도적으로 많다(인터뷰 3, 4, 6, 8, 9, 10, 12; 전문가 8, 9).

---

79. 본고 부록 3a/3b에서 러시아어 원본/한국어 번역본 전문 참조.

북한 기업소 역시 탈출을 관리 실패로 간주하며 추적에 직접 가담한다(인터뷰 12). 실제로 한 기업소 사장은 탈출 노동자를 붙잡기 위해 직접 여러 차례 수색 작업을 지휘했다(인터뷰 10). 은신 중인 이들에게는 추적조의 발각 위험이 끊임없는 공포의 원인이 된다(인터뷰 9, 10). 인터뷰 대상자들은 붙잡힌 노동자들이 강한 신체 구속을 당한 채 북한으로 송환되는 장면을 목격했거나 전해 들었다고 증언했다(인터뷰 11, 12). 보위부원들은 이송 중 추가적인 탈출 시도를 막기 위해 구금자의 팔다리를 석고로 감아 환자로 위장한 채 비행기에 태우는 수법을 쓰기도 한다(인터뷰 12).

러시아 인권 변호사들은 러시아 영토 내에서 북한 요원에 의한 납치·폭행이나, 러시아 관리에 의해 북한 측에 인도된 탈출 사례를 다수 기록했다. 이러한 사건들은 피해자가 공식적으로 망명을 신청하고, 귀환 시 직면할 고문·처형 위험을 명확히 밝힌 경우에도 발생했다. 일부는 인권 변호사와 유엔난민기구(United Nations High Commissioner for Refugees, UNHCR)의 긴급 개입으로 가까스로 송환을 막을 수 있었지만, 시빅 어시스턴스 센터(Civic Assistance Center)가 확인한 가장 최근의 사례는 2017년이었다. 2011년부터 2019년까지 러시아 정부가 난민 지위를 부여한 북한 국적자는 단 한 명에 불과했다.

강제 송환은 탈출자에 한정되지 않는다. 한국 매체 시청과 같은 중대한 규칙 위반에 대한 표준적 처벌이기도 하다(인터뷰 6, 7, 8). 송환된 이들은 정치범으로 분류되어 국가보위성의 강압적인 심문을 받으며, 이 과정에서 해외 체류 중 활동과 특히 한국인·기독교인·외국 단체와의 접촉 여부에 대해 질문받는다.[80] 심문 이후 이들은 강제노동·고문·폭력이 만연한 구금시설에 수감되며(인터뷰 12),[81] 일부는 총살형에 처해진다(인터뷰 9).

7.3. 부상자 및 사망자의 송환

부상당하거나 사망한 해외 노동자에 대한 북한의 태도는 인간의 생명을 경제적 효용으로만 환산하는 체제를 적나라하게 드러낸다. 한 달 이상 노동이 불가능해진 중상자는 재정적 부담으로 간주되어 즉각 송환된다(인터뷰 14). 기업소가 초기 병원비를 부담하기도 하지만 원칙은 분명하다. 의무적인 '충성 자금'을 납부할 수 없는 노동자는 곧바로 본국으로 돌려보내진다(인터뷰 14).

---

80. 이러한 심문 과정은 북한인권정보센터에 의해 지속적으로 기록되고 있으며, 8,000건 이상의 강제송환 사례가 통합인권 DB에 축적되어 있다.
81. 북한인권정보센터의 통합인권 DB에 따르면, 기록된 북한의 임의 구금 사례 중 60% 이상이 탈북시도를 포함한 무단 여행 혐의와 연관되어 있다.

이러한 절차는 정치적 목적에도 악용된다. 보위부원들이 탈출을 시도한 노동자를 체포한 후에 팔다리를 의도적으로 부러뜨린 뒤, 깁스로 씌워 치료 귀환자로 위장시킨 채 송환한 사례가 보고되었다. 이는 중대한 인권 침해를 은폐하고 송환 과정에서의 탈출 가능성을 원천 차단하기 위한 수법이다(인터뷰 12).

사망자에 대한 처우 역시 잔혹한데, 이는 화장과 유해 송환 비용을 회피하기 위한 것이다. 2019년의 한 사례에서, 기업소 사장은 노동자 네 명에게 남은 돼지 뼈를 태워 가짜 화장을 꾸미게 했고, 이를 고인의 유골이라 속여 유가족에게 전달했다(인터뷰 14). 당시는 러시아 국경일로 인해 시신을 북한으로 운구하기까지 일정 기간 대기가 필요했고, 이 과정에서 보관 비용이 발생했다. 러시아에서 화장 후 송환하는 방법 역시 추가 비용이 들어, 사장은 결국 이 모든 비용을 피하기 위해 시신을 러시아 현지에 매장했다. 결국 사장의 기만이 드러났지만 그는 일시적인 강등 처분만을 받았다. 국가 상납액을 달성한 실적이 인간 존엄의 중대한 침해보다 우선시되었음을 보여주는 사례로, 처벌이 부재한 광범위한 면책 문화를 반영한다(인터뷰 14).

7.4. 코로나19 팬데믹이 귀환 여건에 미친 영향

코로나19 팬데믹과 북한의 국경 폐쇄는 해외 노동자 통제 체제를 근본적으로 위태롭게 했다. 북한 정권이 자국민의 재입국을 거부하면서, 북한 당국은 해외 노동자를 억제하는 가장 강력한 수단이었던 강제송환의 위협을 상실했다(인터뷰 2, 3, 5, 12). 변화는 즉각 드러났다. 여러 증언에 따르면, 최후의 처벌 수단이 사라지자 직장 관리자나 심지어 보위부원조차 한국 매체 시청 같은 위반 행위를 더 이상 제재하지 못했다(인터뷰 2, 5, 7). 그 결과 해외 현장의 통제는 완화되었고, 보복에 대한 노동자의 공포는 현저히 줄어들었다(인터뷰 3).

그러나 국경 봉쇄는 일부 노동자에게 극심한 심리적 부담도 안겼다. 러시아와 북한 간 이동이 중단되면서, 귀국하는 이들을 통해 편지나 돈을 보내던 몇 안 되던 비공식 통로마저 갑작스럽게 끊기게 되었다(인터뷰 2, 3, 6). 전 세계적 보건 위기 속에서 외국에 무기한 고립된 노동자들은 사랑하는 이들의 안부를 확인할 길이 전혀 없었고, 고립감과 불안은 더욱 심화되었다(인터뷰 4). 코로나19 팬데믹은 해외 노동 시스템 내 권력 균형을 뒤흔드는 동시에, 고립된 노동자의 정서적·심리적 고통을 극대화시켰다. 실제로 팬데믹 기간 중 사망한 한 노동자는 귀국조차 허락되지 못한 채 러시아에서 화장되었다(인터뷰 4).

북한 노동자 증언 발췌문

> 11년간의 군 복무를 마치고 러시아에 파견되었지만, 그곳에서의 생활은 짐승과 다름없었습니다. 특히 한 달간의 휴가를 받아 북한에 돌아갔을 때, 장교들은 돈을 가져오지 않았다는 이유로 머리채를 잡고 구타했습니다. 영하의 날씨에 속옷만 입힌 채 석탄을 나르게 하는 등 온갖 수모를 겪었습니다. 그때의 끔찍한 기억과 OOO 사장의 비인간적인 노동 착취가 결국 저를 탈북으로 이끌었습니다. (인터뷰 10)

> 임기 끝나고 귀국하면 반성문을 써야 해요. 돈이 있으면 안 써도 되지만, 돈 없는 사람들은 한 달 동안 해외 생활에 대해 반성문을 써야 하죠. 보위지도원들이 주머니 좀 털어야 되니까, 돈을 주면 그냥 보내주는 겁니다. (인터뷰 8)

> 그 사람이... 돈에 눈이 뒤집혀도 정말 정상이 아니죠. 일하다가 죽은 노동자를 러시아에서는 화장을 하고 가족에 내보내주거나 아니면 시신을 냉동해서 내보내요. 근데 이 화장에도 돈이 들어가잖아요? ...그때 5월까지 전승절 앞두고 러시아가 딱 차단하다보니까 며칠을 시신을 손 못 대는 거예요. 계속 병이 발생하고 하니까 포기하고 우리 시신 안 가져간다고 포기하고 북한 가족에 전달해야 되잖아요? 그러니까 자기네 회사에서 정말 기능이 없어서 돈을 못 벌고 돈 없어서 이러는 사람들 4명 불러다가 불고기 시키면서 술을 딥따 먹였어요. 불고기 용으로 샀던 돼지고기 그 뼈. 뼈를 불태워가지고 그거를 죽은 사람의 화장재로 해 가지고 봉인함에다 해서 가져다 줬어요. 그 사람들 입막음으로 200불씩 다 주고. 그게 사람이냐고요? (인터뷰 12)

> 코로나 때는 못 들어가죠. 죽어도 못 들어가요. 러시아에서 그냥 화장해서 나중에 뼈만 보내는 거예요. (인터뷰 6)

CHAPTER 8
국제 인권법과 노동법의 적용

러시아 내 북한 노동자의 근로 및 인권 상황에 대한 법적 분석은 일반국제법의 강행규범이 러시아 국내법과 양자 협정보다 상위에 있음을 전제로 한다. 러시아는 국제 인권 조약상에서 부과된 의무를 회피하거나 위반하기 위해 자국법이나 북한과의 합의를 근거로 내세울 수 없다. 본 장은 러시아가 자국 영토 내 북한 노동자를 보호해야 하는 국가적 책임에 관한 법적 위계를 명확히 제시하며, 국내법이나 양자 협정과 상충하더라도 국제법상 강행규범과 보편적 국제 규범이 우선적 효력을 가진다는 점을 보여준다.

8.1 국내 및 국제 의무의 위계

8.1.1 러시아 법체계에서 국제조약의 지위

1993년 제정된 러시아 연방 헌법은 국제법이 국내 법체계에서 우위를 가진다는 원칙을 명문화했다. 당시 헌법 제15조 4항은 다음과 같이 규정했다.

'보편적으로 인정된 국제법과 국제 조약 및 러시아 연방의 협정은 러시아 법체계의 불가분한 구성 요소이다. 러시아 연방의 국제조약이나 협정이 국내법과 다른 규칙을 세운다면, 국제조약의 규칙이 적용된다.'[82]

---

82. Russian Federation. *Constitution of the Russian Federation*. 12 Dec. 1993, <http://www.constitution.ru/en/10003000-01.htm>

이 조항은 러시아가 비준한 국제조약이 국내 노동법을 비롯한 국내법보다 상위의 법적 효력을 가진다는 점을 분명히 했다. 따라서 러시아 당국과 사법부는 러시아가 비준한 시민적 및 정치적 권리에 관한 국제규약이나 국제노동기구 협약과 같은 국제 인권 규범을 준수하고 이행해야 하며, 명시된 권리는 상충하는 국내 법률이나 행정 관행으로 제한될 수 없다.

그러나 시간이 지나면서 보편적 인권에 대한 러시아의 태도는 국제법을 고립주의적으로 접근하려는 방식으로 점차 변화했다. 2015년 러시아 연방 헌법은 러시아 헌법재판소에 유럽인권재판소 등 국제기구의 판결이 헌법에 위배된다고 판단할 경우, 해당 판결의 효력을 '집행 불가'로 선언할 권한을 부여했다.[83] 러시아 연방 헌법 15조 4항은 여전히 조약의 효력을 인정하고 있으나, 2020년 개헌으로 헌법 제79조와 제125조에는 '국제기구 판결의 집행 여부를 헌법재판소가 판단할 수 있다'는 조항이 명시되며 사실상 국제인권조약의 국내적 집행력을 구조적으로 약화시키며,[84] 1993년 헌법이 제시했던 국제적 책임과 보호 의무의 비전을 근본적으로 후퇴시켰다.

동시에 러시아는 다자 인권 조약에 따른 의무보다 북한과의 양자 관계를 점점 더 우선시해왔다. 이러한 경향은 2007년 체결된 북·러 양자 노동협정에서 두드러지게 나타난다. 이 협정은 러시아의 관할권 내 개인을 보호해야 하는 적극적 의무를 위반하면서, 그 인권 의무를 북한 당국에 전가하였다.[85] 이 협정은 형식적으로 북한 노동자가 러시아 국민과 동등한 대우를 받아야 한다고 규정하지만, 임금과 노동조건에 관한 감독 권한을 북한 당국에 부여하는 조항(제6조)을 포함하고 있다. 이러한 위임은 법적으로 정당화될 수 없으며, 결과적으로 러시아가 시민적 및 정치적 권리에 관한 국제규약과 국제노동기구 핵심 협약에서 부담하는 의무를 사실상 무력화했다.

2016년 체결된 불법 입국자 및 체류자 송환에 관한 양자 협정도 같은 문제를 안고 있다.[86] 이 협정은 러시아 영토 내 북한 이탈주민을 북한으로 송환하는 근거로 활

---

83. Russian Federation. *Federal Law No.7-FKZ of 14 December 2015 On Amendments to the Federal Constitutional Law "on the Constitutional Court of the Russian Federation." Official Publication of Legal Acts*, <http://publication.pravo.gov.ru/Document/View/0001201512150010>
84. Isabelle Jefferies, "Russia's Constitutional Amendment from an International Law Perspective." *Public International Law & Policy Group*, 1 Mar. 2021, <https://www.publicinternationallawandpolicygroup.org/lawyering-justice-blog/2021/3/1/russias-constitutional-amendment-from-an-international-law-perspective>
85. 본고 부록 2a/2b에서 러시아어 원본/영어 번역본 전문 참조.
86. 본고 부록 3a/3b에서 러시아어 원본/영어 번역본 전문 참조.

용되었고, 이는 국제법의 강행규범인 비송환 원칙을 정면으로 위반한다. 러시아 당국은 난민 지위 심사와 고문 위험성 평가를 회피함으로써, 1951년 난민협약과 고문방지협약에 따른 법적 의무를 저버린 채 강제송환을 용인했다.[87]

이처럼 국내법과 양자협정을 국제적 의무보다 앞세우는 러시아의 관행은 국제법 질서의 근본 원칙에 정면으로 배치된다. 유엔 헌장 제103조는 헌장상 의무가 다른 국제협정보다 우선함을 명확히 하고 있으며,[88] 비엔나 협약 제27조는 국내법을 조약 불이행의 근거로 삼는 것을 금지한다. 나아가 제53조는 국제법의 강행규범과 충돌하는 조약은 무효임을 선언하고 있다.[89]

8.1.2 강행규범과 대세적 의무의 우위

러시아가 강행규범에 대해 자의적인 태도를 취하고 있는 반면, 국제법은 이러한 규범의 절대적 성격을 분명히 하고 있다. 비엔나 조약법 협약 제53조는 강행규범을 '국가들로 구성되는 국제공동체 전체에 의해 수락되고 승인된 규범으로서 그로부터의 어떠한 일탈도 허용되지 않는 규범'으로 정의하며,[90] 같은 협약 제53조 및 제64조는 조약이 체결 당시 강행규범과 상충할 경우 무효가 되고, 이미 효력이 발생한 조약이라 하더라도 새로운 강행규범과 저촉되는 경우에는 무효가 된다고 규정한다.

노예제 및 고문 금지 규범은 대표적인 강행규범으로, 국제법위원회(International Law Commission, ILC) 역시 이를 명확히 확인한 바 있다.[91] 따라서 본고 8.2장에서 논의한 바와 같이 러시아 내 북한 노동자의 근로 조건이 사실상 노예 상태에 해당한다면 2007년 북·러 노동협정 중 이를 조장하거나 묵인하

---

87. United Nations. *Convention relating to the Status of Refugees*. 28 July 1951. *United Nations Treaty Series*, vol. 189, p. 137. Entered into force 22 June 1954. Ratified by the USSR on 2 Feb. 1993 (binding on the Russian Federation as successor state);
United Nations. *Convention against Torture and Other Cruel, Inhuman or Degrading Treatment or Punishment*. 10 Dec. 1984. *United Nations Treaty Series*, vol. 1465, p. 85. Entered into force 26 June 1987. Ratified by the USSR on 3 Mar. 1987 (binding on the Russian Federation as successor state).
88. United Nations. *Charter of the United Nations*. 26 June 1945. Entered into force 24 Oct. 1945. Ratified by the USSR on 24 Oct. 1945 (binding on the Russian Federation as successor state).
89. United Nations. *Vienna Convention on the Law of Treaties*. 23 May 1969. *United Nations Treaty Series*, vol. 1155, p. 331. Entered into force 27 Jan. 1980. Ratified by the USSR on 29 Apr. 1986 (binding on the Russian Federation as successor state).
90. Ibid.
91. United Nations, General Assembly. *Report of the International Law Commission*. 12 Aug. 2022, A/77/10.

는 어떠한 조항도 처음부터 무효다. 러시아는 이 협정을 근거로 북한 노동자의 노예화를 방지하지 못한 책임을 회피할 수 없으며, 해당 협정은 상위의 비예외적 규범과 충돌하는 한 무효로 간주된다.

같은 맥락에서 고문 금지 규범은 러시아가 강제송환(non-refoulement) 원칙을 준수할 법적 의무의 기초가 된다. 그럼에도 불구하고 러시아는 2016년 체결된 양자협정을 근거로 북한 이탈주민을 강제로 송환하며 이들을 심각한 고문 위험에 노출시켰고, 이는 난민협약과 고문방지협약에 따른 국제적 의무를 정면으로 위반한 것이다. 노예제와 고문 금지는 강행규범으로서 단순히 위반을 피하는 소극적 의무에 그치지 않고, 이를 근절하기 위해 국제사회가 협력해야 하는 적극적 의무를 동시에 부과한다.[92] 러시아의 이러한 위반 행위와 그 공모 책임은 본고 8.3절에서 국제법상 국가책임 체계에 따라 별도로 검토한다.

또한 노예제와 고문 금지는 직접적으로 영향을 받는 국가의 이해관계를 넘어서는 국제적 의무를 발생시킨다. 노예제 금지는 모든 국가가 국제사회 전체에 대해 부담하는 '대세적 의무(erga omnes)'에 해당하며, 이는 국제사법재판소가 *Barcelona Traction, Light and Power Company, Limited* 사건(벨기에 대 스페인, 1970)에서 확인한 바 있다.[93] 고문방지협약에 따른 고문 행위의 기소 또는 인도 의무 역시 국제사법재판소가 *Questions relating to the Obligation to Prosecute or Extradite*(벨기에 대 세네갈, 2012) 사건에서 모든 협약 당사국이 공동으로 지는 '당사국에 대한 의무(erga omnes partes)'로 인정하였다.[94] 이 두 판결은 종합적으

---

92. Ibid.
93. *Barcelona Traction, Light and Power Company, Limited* 사건(벨기에 대 스페인, 1970)에서 벨기에는 자국 주주를 대신하여 스페인이 캐나다 기업인 바르셀로나 트랙션(*Barcelona Traction*)에 손해를 끼쳤다고 주장하며 소송을 제기했다. 국제사법재판소는 벨기에가 소송 적격이 없다는 이유로 청구를 기각하고, 외교적 보호는 기업 설립국인 캐나다만 행사할 수 있다고 판시했다. 그러나 재판부는 판결 논거에서 특정 국가에 대한 의무와 국제사회 전체에 대한 의무를 구분하는 중요한 기준을 제시했다. 재판부는 침략, 집단학살, 노예제, 인종차별 금지 조항을 모든 국가가 준수해야 하는 '대세적 의무(erga omnes)'로 규정하며, 이는 관련된 기본권을 보호하기 위해 모든 국가가 집행할 수 있는 의무임을 명확히 했다. *Barcelona Traction, Light and Power Company, Limited (Belgium v. Spain)*, Second Phase, Judgment, 5 Feb. 1970. ICJ Reports 1970, p. 3 참조.
94. In *Questions relating to the Obligation to Prosecute or Extradite* (벨기에 대 세네갈, 2012)에서 국제사법재판소(ICJ)는 광범위한 고문 혐의로 기소된 전 차드 대통령 히센 하브레(Hissène Habré)를 세네갈이 기소하거나 인도하지 않은 사안을 다뤘다. 고문방지협약 당사국인 벨기에는 세네갈이 하브레를 보호함으로써 협약상 의무를 위반했다고 주장했다. 재판소는 이를 인정하며, 고문 금지가 강행규범(jus cogens)임을 확인하고, 협약에 따른 기소 또는 인도 의무가 당사국에 대한 의무(erga omnes partes)임을 명확히 했다.

로, 다른 국가들이 북한과 러시아가 노동자에 대한 이러한 학대를 자행하거나 방조한 데 대해 책임을 추궁할 수 있는 법적 근거가 될 수 있음을 확립한다.[95]

8.2 강제노동에서 예속 및 노예화로의 심화

러시아 내 북한 노동자가 겪는 인권 침해를 법적으로 정확히 규정하는 것은 러시아와 북한 양측의 국제적 책임을 규명하기 위한 필수 전제다. 국제노동기구 지표에 따르면 이들의 근로 조건은 명백히 강제노동(forced labor)에 해당한다. 나아가 유럽인권재판소의 판례와 로마규범의 구성요건을 종합적으로 검토하면 이러한 조건은 단순한 강제노동을 넘어 예속의 수준에 해당하며, 궁극적으로는 인도에 반한 범죄인 노예화의 범주에까지 이른다는 점이 드러난다. 본 장은 국제적으로 확립된 정의와 판례를 적용해 앞서 기록된 사실을 검토함으로써, 북한 노동자의 상황이 강제노동, 예속, 노예화의 법적 요건을 충족함을 입증한다.

8.2.1 국제노동기구 지표에 따른 강제노동의 기준

강제노동의 국제적 정의는 국제노동기구 제29호 협약에 명시되어 있으며, 이는 '어떤 사람이 처벌의 위협 아래 강요되었거나 자발적으로 제공하지 아니한 모든 노동 또는 서비스'로 규정된다.[96] 국제노동기구는 강제노동 여부를 판단하기 위해 11가지 지표를 제시하고 있는데, 일반적으로는 여러 지표가 동시에 나타나는 상황 전체를 고려한다. 다만 경우에 따라서는 신체적 폭력과 같은 단일하고 중대한 지표만으로도 강제노동의 성립을 인정한다(전문가 6, 7). 또한 근로자가 형식적으로 고용에 동의했다고 하더라도, 그 동의가 속임수로 인해 진실을 오인한 상태에서 이루어졌거나 근로·생활 조건이 강압적이고 학대적이라면 법적 효력이 부정된다.

이러한 기준을 적용하면 해외 파견 북한 노동자의 현실은 강제노동의 전형적 사례와 정확히 부합한다. 이들은 고용계약서를 제공받지 못한 채 임금과 근로시간에 대한 정보를 은폐·기망당하며, 러시아에 도착한 이후에는 처벌의 위협을 비롯한 각종 강압과 학대 속에서 노동을 강요받는다. 북한 노동자들이 직면한 조건은 국제노동

---

95. 어느 국가든 책임 규명을 요구할 수는 있으나, 북한이나 러시아가 이러한 위반 행위에 대해 국제사법재판소와 같은 기관에서 법적 책임을 지도록 하려면 해당 재판소의 관할권을 받아들이도록 동의를 얻어야 한다.

96. International Labour Organization. Forced Labour Convention, 1930 (No. 29). 28 June 1930; entered into force 1 May 1932. Ratified by the USSR on 23 June 1956 (binding on the Russian Federation as successor state).

기구가 제시한 11개 지표 대부분에 해당하며, 이는 우발적 착취가 아닌 체계적이고 구조적인 강제노동임을 명확히 보여준다.[97]

표 7. 러시아 내 북한 노동자에게 적용된 국제노동기구 강제노동 지표

국제노동기구 지표	북한 노동자 조건
취약성 남용	국가에 의해 생활 전반이 통제되고 경제적 자율성이 박탈된 상황에서, 가족에 대한 보복 위험은 노동자를 극도로 취약하게 만들며 이러한 취약성은 체계적으로 이용됨. 제재 이후 러시아 내 미등록 신분은 이러한 취약성을 한층 더 심화시킴.
기만	노동자는 정식 고용계약서조차 받지 못한 채 근무지, 임금, 근로시간 등에 관한 핵심 정보에서 철저히 배제되어짐. 비공식적으로는 높은 소득을 약속받지만, 실제로는 약속된 임금의 극히 일부만을 수령.
이동 제한	노동자는 작업장을 벗어나기 위해 반드시 사전 허가를 받아야 하며, 관리인과 보위부원에 의해 지속적으로 감시당함. 이동은 사전에 승인된 단거리로 철저히 제한됨.
고립	노동자는 개인 휴대폰을 압수당하고, 모든 편지는 검열되며, 현지 주민과의 접촉은 금지됨. 강제적 동료 감시 체계가 운영되어 노동자들 간의 신뢰와 연대가 체계적으로 파괴됨.
신체·성적 폭력	관리자와 보위부원이 근무 태만, 규율 위반, 사소한 규칙 위반 등을 이유로 노동자를 상습적으로 구타.

---

97. International Labour Office. *ILO Indicators of Forced Labour*. International Labor Organization, 1 Oct. 2012, <https://www.ilo.org/sites/default/files/wcmsp5/groups/public/%40ed_norm/%40declaration/documents/publication/wcms_203832.pdf>

협박·위협	노동자는 어떠한 규율 위반이라도 있을 경우 강제 송환될 수 있다는 상시적 위협에 시달리며, 이를 통해 생활전반이 철저히 통제됨. 북한에 남아 있는 가족들은 사실상 담보로 잡혀 노동자의 복종을 강제하는 수단으로 이용됨.
신분증 압수	노동자는 도착 즉시 여권을 압수당해 무등록 상태에 놓이게 되며, 이로 인해 작업장을 탈출하거나 현지 당국에 법적 보호를 요청하는 것이 사실상 불가능함.
임금 체불	노동자의 임금은 최대 90%가 '충성자금'과 '운영비' 명목으로 공제되며, 실제로 이들이 손에 쥐는 금액은 많아야 매월 10~20달러에 불과함. 노동자는 임금 장부에 서명하도록 강요받지만, 장부에 명시된 대부분의 금액은 결코 지급되지 않음.
채무 구속	전형적인 채무노예 사례와 달리, 해외파견 과정에서 강요되는 막대한 뇌물은 노동자에게 초기 부채를 부여하고, 이를 노동으로 갚도록 강제함. 의무적 '충성자금'이 추가되어 국가에 대한 영구적 부채 관계를 형성함. 이러한 구조는 노동자들을 지속적으로 예속시키며 체계적인 착취상태를 유지시킴.
열악한 근로·생활	노동자는 좁고 비위생적인 컨테이너에서 거주하며, 적절한 난방과 위생시설, 위험한 건설 작업에 필요한 안전장비도 제공받지 못함. 충분한 의료 서비스조차 보장되지 않음.
과도한 초과근로	노동자들은 하루 12~17시간, 주 7일 동안 강제로 노동하며, 정기적인 휴일이 전혀 제공되지 않음. 이는 국제 기준인 주 48시간 노동과 7일마다 최소 1일 휴식 제공 의무를 명백히 위반하는 행위.

8.2.2 *F.M. and Others v. Russia* 사건과 국제법원의 판례에 따른 예속의 기준

러시아 내 북한 노동자가 처한 상황은 단순한 강제노동의 수준을 넘어 예속에 해당한다. 국제인권법상 예속은 '강제노동의 보다 심각한 형태'로 이해되며, 광범위한 자유의 박탈을 수반한다(전문가 8). 유럽인권재판소는 2005년 Siliadin v. France 사건에서 예속의 주요 특성으로 강압에 따른 서비스 제공 의무, 이동의 자유 박탈, 스스로의 처지를 변경할 수 없다는 인식을 제시하였다. 이는 당사자에게 영구적이고 탈출이 불가능한 상태라는 인식을 갖게하는 특성이 있다.[98]

F.M. and Others v. Russia (2024) 사건은 러시아 내 외국인 노동자의 예속과 관련하여 러시아의 책임을 이해하는 데 특히 중요한 판례이다.[99] 비록 러시아가 2022년 9월 유럽인권재판소에서 탈퇴했지만, 탈퇴 이전에 발생한 인권침해에 대해서는 재판소의 관할권이 여전히 유지된다.[100] 따라서 *F.M. and Others v. Russia* 판결은 러시아가 자국 영토에서 발생한 인권침해에 대해 국제법상 책임을 질 수 있는 기제를 보여주는 의미 있는 사례로 남는다.

F.M. and Others v. Russia 사건에서 재판소는 카자흐스탄과 우즈베키스탄 출신 여성 노동자들이 인신매매를 통해 예속 상태에 놓였음에도, 러시아 당국이 이를 방지하거나 보호하지 않았다는 점을 들어 유럽인권협약 제4조(예속 금지) 위반을 인정하였다.[101] 재판소는 피해자들의 상황이 예속에 해당함을 판단하기 위해 다음과 같은 요소를 제시하였다.

- 폭력과 강압이 동반된 강제적·무급 과중 노동
- 신분증 압수로 인해 법적 권리를 행사할 수 없고 극도로 의존적인 상태
- 작업장에서 거주와 노동이 동시에 강제되며 상시 감시가 이루어지는 제한적 환경
- 스스로 처지를 바꿀 수 없다고 인식하며 영구적·절망적인 상태에 빠진 상황

---

98. *Siliadin v. France*. No. 73316/01, European Court of Human Rights, 26 Oct. 2005, <https://hudoc.echr.coe.int/?i=001-69891>
99. *F.M. and Others v. Russia*. Nos. 71671/16 and 40190/18, European Court of Human Rights, 10 Dec. 2024, <https://hudoc.echr.coe.int/eng?i=002-14414>
100. Article 58(2) of the European Convention on Human Rights states: "Such a denunciation shall not have the effect of releasing the High Contracting Party concerned from its obligations under this Convention in respect of any act which, being capable of constituting a violation of such obligations, may have been performed by it before the date at which the denunciation became effective." Council of Europe. *European Convention on Human Rights*. 4 Nov. 1950. Entered into force 3 Sept. 1953. Ratified by the Russian Federation on 5 May 1998 and withdrawn on 16 Sept. 2022, <https://www.echr.coe.int/documents/d/echr/convention_ENG>
101. "Russia Ceases to Be Party to the European Convention on Human Rights." *Council of Europe*, 16 Sept. 2022, <www.coe.int/en/web/portal/-/russia-ceases-to-be-party-to-the-european-convention-on-human-rights>

이 경우 가해자는 민간인이었으나, 재판소는 인신매매와 예속에 대한 충분한 범죄화 조치 부재, 피해자 보호의 결여, 신뢰할 만한 증거 또는 합리적 의심에 대한 조사 실패 등을 이유로 러시아가 긍정적 의무를 이행하지 못했다고 판단하였다. 또한 러시아 당국이 여성 노동자를 잠재적 피해자가 아닌 불법체류자로 취급한 것은 성별 및 지위 기반 차별에 해당하며, 이에 따라 제4조(예속 금지)뿐만 아니라 제14조(차별 금지)도 함께 위반한 것으로 판시하였다.

본 보고서에 기록된 사실들을 검토한 결과, *F.M. and Others v. Russia* 사건을 담당한 변호사는 러시아 내 북한 노동자들의 상황이 의 이주 노동자들과 유사하며, 두 집단 모두 예속을 목적으로 한 인신매매(human trafficking)의 피해자라고 평가했다(전문가 8). 북한 노동자는 인신매매에 대한 국제적 정의의 세 가지 요소를 모두 충족한다. 첫째, 행위: 북한에서 러시아로 모집·이송되었다. 둘째, 수단: 개인 서류가 압수되고, 이동 제한, 처벌 위협 등 강압적 조치가 적용됐다. 셋째, 목적: 노동력의 착취가 이뤄졌다.

이에 더해, 해당 변호사는 러시아 내 북한 노동자의 상황이 *F.M. and Others v. Russia* 사건보다 훨씬 심각하다고 강조했다. 이는 사적 행위자가 아닌 국가가 후원하는 체계(state-sponsored system)에 내재되어 있기 때문이다. 북한은 노동자를 모집하고, 감시원을 파견해 이들을 감금·감시하며, 임금을 체계적으로 몰수한다. 이러한 구조 속에서 러시아는 단순한 방관자가 아니라 '적극적 협력자(active collaborator)'로 기능한다. 러시아는 제재를 피할 수 있도록 학생 비자 제도를 교묘히 바꾸고, 탈출을 시도한 노동자를 지속적으로 인권침해 가해자인 북한 당국에 송환한다. 결과적으로 러시아의 책임은 단순한 '수동적 용인(passive tolerance)'을 넘어 국가 주도의 노예적 인신매매 체계에 대한 '적극적 공모(active complicity)'로 확대된다(본고 8.3절 참조).

8.2.3 '반인도적 범죄'로서의 노예화

러시아 내 북한 노동자에 대한 착취는 단순한 강제노동이나 예속의 범주를 넘어, 국제법상 노예제에 해당한다. 이는 북한 당국이 해외 파견 노동자에 대해 사실상 소유권에 유사한 권한을 체계적으로 행사하고 있기 때문이다. 유엔 인권최고대표사무소(Office of the United Nations High Commissioner for Human Rights, UN OHCHR)는 1926년 노예협약의 따라 노예제를 '타인에 대해 소유권에 수반되는 권한의 일부 또는 전부가 행사되는 지위 또는 상태'로 정의하며,[102] 이때 소유권은 단순한 법적 소유권을 넘어 '한 개인이 다른 개인에 대해 사실상 소유권과 유사한 권한을 행사하는 생활 조건'까지 포함한다.

북한 당국이 노동자에게 행사하는 권한은 다음과 같이 구체적으로 드러난다.

- **매매·이전 권한:** 북한 당국은 자국민의 노동력을 러시아 기업에 '판매'하며 계약을 체결한다. 이 과정에서 노동자는 전면적으로 배제되며, 고용계약서조차 제공받지 못한다.

- **관리·통제 권한:** 여권을 압수하고 이동을 제한하며 노동자의 신분과 행위를 철저히 통제한다. 이는 단순한 고용관리라기보다 자산을 관리하는 소유자의 행위와 유사하다.

- **노동·이익 수취 권한:** 임금의 최대 90%를 '충성자금' 명목으로 착취하고, 노동자가 자신의 재정을 독립적으로 관리하지 못하도록 막는다.

- **방치·처분 권한:** 폭력과 위협으로 노동·생산을 강요하며, 안전·의료 지원을 제공하지 않는다. 부상이나 질병으로 생산성이 떨어진 노동자는 자의적으로 송환된다.

이러한 체계는 노동자를 권리를 가진 개인으로 보지 않고, 국가가 통제하는 '자산'으로 취급하는 구조적·비인간적 시스템에서 기인한다. 이는 강제노동이나 예속의 수준을 넘어, 국제인권법상 노예제의 정의를 명백히 충족한다. 노예제는 세계인권선언(Universal Declaration of Human Rights, UDHR) 제4조, 시민적·정치적 권리에 관한 국제규약 제8조, 유럽인권협약 제4조에 의해 명시적으로 금지된다.[103] 북한과 러시아는 세계인권선언과 시민적·정치적 권리에 관한 국제규약의

---

102. United Nations Office of the High Commissioner for Human Rights. *Forced labour by the Democratic People's Republic of Korea.* July 2024, <https://www.ohchr.org/sites/default/files/documents/countries/korea-republic/forced-labour-democratic-peoples-republic-korea-en.pdf>
United Nations. *Slavery Convention.* 7 Dec. 1953. *United Nations Treaty Series*, vol. 212, p. 17. Entered into force 7 July 1955. Ratified by the USSR on 8 Aug. 1956 (binding on the Russian Federation as successor state).
103. United Nations General Assembly. *Universal Declaration of Human Rights.* 10 Dec. 1948, G.A. Res. 217 A (III), U.N. Doc. A/RES/217(III);
United Nations. *International Covenant on Civil and Political Rights.* 16 Dec. 1966.

당사국이며, 러시아는 유럽인권협약에서 탈퇴했더라도 탈퇴 이전의 행위에는 여전히 관할권이 적용된다.

또한, 국제형사재판소(International Criminal Court, ICC) 로마규정 제7조 제1항(c)은 노예화를 반인도적 범죄로 규정한다.[104] 비록 북한과 러시아가 국제형사재판소 당사국이 아니어서 즉각적인 국제형사처벌은 어려우나, 해당 범죄의 성립 요건은 명백히 충족된다. 노예제 성립요건과 그에 따른 구체적 내용은 다음과 같다.

① 가해자가 소유권에 부수하는 권한을 행사했을 것.

북한은 노동자의 이동, 재정, 신분 서류, 노동 활동 전반을 전면적으로 통제함으로써 이 요건을 충족한다. 노동자는 임의로 계약에 참여할 수 없고, 재정을 스스로 관리할 권리도 박탈된다. 이는 사실상 소유권에 부수하는 권능이 행사된 상황과 다름없다.

② 행위가 민간인 집단에 대한 광범위하거나 조직적인 공격의 일부일 것.

러시아 내 북한 노동자는 최소 15,000명으로 추정되며, 북한의 국가기관이 모집부터 현장 관리까지 전 과정을 조직적으로 운영한다. 러시아 역시 체계적으로 관여하고 있는데, 2007년 북·러 간 임시 노동 활동에 관한 양자협정, 제재 이후 체계화된 가짜 '학생비자' 제도, 2016년 탈북자 강제송환 협정 등에서 그 실태가 확인된다. 이는 노동자 착취가 단발적 사건이 아니라 구조적·조직적인 체계를 구성한다는 것을 보여준다.

③ 가해자가 이러한 행위가 조직적 공격의 일부임을 인지했을 것.

북한 당국은 노동자의 취약성을 국가 정책 차원에서 의도적으로 이용하며, 착취한 임금을 국가 재원으로 사용한다. 러시아 당국과 민간 행위자는 위조된 '학생비자' 제도 운영하고, 노동자 학대를 방조하고, 탈출자 강제 북송 협력 등을 통해 다방면

United Nations Treaty Series, vol. 999, p. 171. Entered into force 23 Mar. 1976. Ratified by the USSR on 16 Oct. 1973 (binding on the Russian Federation as successor state); Council of Europe. *European Convention on Human Rights*. 4 Nov. 1950. Entered into force 3 Sept. 1953. Ratified by the Russian Federation on 5 May 1998 and withdrawn on 16 Sept. 2022.

104. United Nations. *Rome Statute of the International Criminal Court*. 17 July 1998. *United Nations Treaty Series*, vol. 2187, p. 3. Entered into force 1 July 2002. Russia signed on 13 Sept. 2000 but withdrew its signature on 16 Nov. 2016; it is therefore not a state party.

으로 지원하며, 그 조직적·체계적 성격을 충분히 인지한다. 국제기구와 인권단체의 광범위한 보고가 이를 뒷받침하므로, 두 국가가 이를 모르거나 부인할 가능성은 사실상 없다.

결론적으로, 러시아 내 북한 노동자 착취는 국제형사법상 반인도적 범죄인 노예화에 해당한다. 비록 관할권 제약으로 인해 즉각적인 국제형사 처벌은 어렵지만, 이 사례는 국제사회의 지속적 모니터링, 보편관할을 통한 책임 규명, 피해자 권리 보호와 회복을 위한 긴급한 국제적 대응의 필요성이 대두된다.

8.3 책임의 그물망: 국가와 기업의 책임

러시아 내 북한 노동자에 대한 체계적인 착취는 온전히 북한 당국의 행위로만 설명될 수는 없다. 이는 주된 가해자인 북한 정권을 넘어, 수용국인 러시아와 강제노동을 통해 직접적인 이익을 얻는 기업이 얽힌 복합적인 책임 구조 속에서 이루어진다. 북한 정권이 착취 체계를 설계·운영한다면, 러시아 정권은 이에 적극 가담하고 기업은 그로부터 발생하는 이익을 취함으로써 구조를 공고히 한다. 따라서 국제법상 국가책임과 기업책임을 국가에 귀속시키는 다양한 경로를 통해 법적 책임을 물을 수 있다.

8.3.1 러시아의 국가책임

러시아는 자국 영토에서 발생하는 인권침해에 대해 직접적이고 다층적인 국제책임을 진다. 이는 단순히 관할권 내 개인을 보호할 적극적 의무(positive obligation)를 위반한 것에 그치지 않고, 더 나아가 북한의 국제위법행위에 적극적으로 가담한 데 근거한다.

러시아는 시민적·정치적 권리에 관한 국제규약, 경제적·사회적·문화적 권리에 관한 국제규약, 고문 및 그 밖의 잔혹·비인도적 또는 굴욕적 대우·처벌 방지협약, 팔레르모 의정서(United Nations Palermo Protocol) 그리고 다수의 국제노동기구 협약을 비준한 당사국으로서, 관할권 내 모든 개인의 권리를 보장하고 강제노동을 비롯한 인권침해로부터 보호할 국제법상 의무를 갖는다. 이러한 의무는 예방·조사·처벌·구제의 조치를 통해 이행되어야 하지만, 러시아는 사실상 이를 실행하고 있다고 보기 어렵다. *F.M. and Others v. Russia* 판례와 여러 러시아 인권변호사들의 지적에 따르면, 러시아의 국내법은 '강제노동과 인신매매 문제를 다루기에 전혀 적합하지 않다'는 평가를 받는다. 예방 메커니즘은 사실상 부재하고, 예속을 제대로 범죄화하지 않았으며, 피해자 보호체계도 마련되지 않았다. 착취현장에서 탈출에 성공한 북한 노동자들은 법의 보호를 받기는커녕 불법체류자로 처벌되며, 불법체류자에 대한 지원을 범죄화하는 법률은 이들의 고립과 취약성을 더욱 심화시킨다.

게다가 러시아의 책임은 단순한 방임에 그치지 않는다. 러시아는 북한의 국제위법 행위에 의식적이고 체계적으로 가담함으로써 공동의 책임을 진다. 국제법위원회가 정립한 국가책임초안 제16조에 반영된 국제관습법의 원칙에 따르면,[105] 한 국가가 타국의 국제위법행위에 대해 인식하면서 원조나 지원을 제공한 경우, 그 국가 역시 국제책임을 부담한다고 규정한다. 다음과 같은 러시아의 행위는 이 요건을 명백히 충족한다.

- **구체적이고 실질적인 지원:** 해당 국가는 실제로 다른 국가의 불법 행위를 용이하게 하는 지원을 제공하거나 조력해야 한다. 러시아의 경우, 북한 노동자의 노동조건 감독 권한을 북한에 공식적으로 이양하고, 악용된 학생 비자 제도를 용인했으며, 학대 혐의가 신빙성 있음에도 불구하고 탈출을 시도한 북한 노동자를 체포하여 북한 당국에 강제 송환하였다. 이로써 러시아 내 북한의 노예 제도의 실행을 용이하게 했으며, 특히 러시아 지방 경찰은 노동법 위반과 서류 위조를 묵인하는 대가로 북한 관리자와 노동자로부터 뇌물을 수수하거나 갈취했다.

- **위법성에 대한 인식:** 해당 국가는 해당 행위가 불법인 상황에 대해 인지하고 있어야 한다. 북한 노동자 수출의 착취적 성격은 유엔 북한인권조사위원회(Commission of Inquiry on Human Rights in the Democratic People's Republic of Korea), 유엔 안보리 대북제재위원회 전문가패널, 그리고 수많은 인권단체 보고서를 통해 일관되게 확인되어 왔다. 여러 북한이탈주민들과 러시아 인권변호사들이 제기한 난민 지위 신청과 법적 고소건은 이러한 학대 행위를 더욱 이슈화하여 러시아 당국이 이를 충분히 인식하도록 했으므로 무지나 부인의 가능성은 없다고 볼 수 있다.

- **행위의 국제위법성:** 해당 국가가 직접 행위하였을 경우에 국제적으로 불법 행위로 간주될 수 있어야 한다. 노예화 행위는 강행규범을 위반하는 중

---

105. United Nations International Law Commission. *Draft Articles on Responsibility of States for Internationally Wrongful Acts, with Commentaries.* 2001. *Official Records of the General Assembly*, Fifty-sixth Session, Supplement No. 10 (A/56/10). Annexed to UNGA Resolution 56/83 of 12 Dec. 2001.

대한 국제법 위반으로서, 러시아가 동일한 행위를 독자적으로 저질렀더라도 이는 국제법 위법행위에 해당할 것이다.

이와 같은 맥락에서 러시아의 국제법 위반에 대해 책임을 규명할 수 있는 주요 경로는 다음과 같다.

- **국제노동기구 감시감독 메커니즘:** 노동자·고용자로 구성된 단체는 국제노동기구헌장 제24조에 따라 대표 진정을 제출할 수 있다. 또한 다른 회원국이나 국제노동기구 이사회는 제26조에 근거해 조사위원회(Commission of Inquiry) 설치를 요구할 수 있으며, 이는 비준 협약 위반에 관한 국제노동기구의 최고 수준 조사 절차이다. 강제 또는 의무 노동에 관한 협약(ILO 협약 29호)과 관련하여 국제노동기구 전문가위원회(Committee of Experts on the Application of Conventions and Recommendations)는 2021년과 2024년 권고에서 러시아 내 이주노동자가 법 집행의 허점으로 인해 강제노동과 착취에 쉽게 노출된다는 점을 지적하였다.[106]

- **유엔 인권조약기구:** 러시아는 시민적·정치적 권리에 관한 국제규약, 모든 형태의 인종차별 철폐에 관한 국제협약(International Convention on the Elimination of All Forms of Racial Discrimination, ICERD), 고문방지협약의 개별통보 절차를 수락했으므로,[107] 피해자나 그 대리인은 개별통보 절차를 통해 직접 진정을 제기할 수 있다. 원칙적으로 국내 구제수단을 모두 거쳐야 하지만, 국내 수단이 이용 불가능하거나 효과적이지 않은 경우에는 예외가 인정된다. 실제로 러시아 내 북한 노동자의 경우 이러한 예외가 적용될 수 있다. 개별 진정이 쉽지 않더라도, 시

---

106. International Labour Organization, Committee of Experts on the Application of Conventions and Recommendations. *Observation on the Russian Federation under the Forced Labour Convention, 1930 (No. 29)*. Adopted 2020, published 109th ILC session (2021).
International Labour Organization, Committee of Experts on the Application of Conventions and Recommendations. *Observation on the Russian Federation under the Forced Labour Convention, 1930 (No. 29)*. Adopted 2024, published 113th ILC session (2025).
107. United Nations Office of the High Commissioner for Human Rights. *Treaty Body Database: Acceptance of Individual Complaints Procedures for Russian Federation*. OHCHR, <https://tbinternet.ohchr.org/_layouts/15/TreatyBodyExternal/Treaty.aspx?CountryID=144&Lang=en>

민사회는 조약기구의 정기 심의나 보편적 정례검토(Universal Periodic Review, UPR) 과정에 정보를 제공함으로써 국제적 감시와 권고를 촉발할 수 있다.

- **국제사법재판소(International Court of Justice, ICJ):** 러시아는 고문방지협약 및 인종차별 철폐에 관한 국제협약에 따른 분쟁에서 국제사법재판소 관할권을 인정하였다.[108] 특히 *Questions relating to the Obligation to Prosecute or Extradite*(벨기에 대 세네갈, 2012) 사건에서 확인된 바와 같이, 당사국간 대세적 의무(*erga omnes partes*)에 근거해 직접적인 피해를 입지 않은 제3국이라도 당사국으로서 소송을 제기할 수 있는 길이 열려 있다.[109]

- **유럽인권재판소:** 러시아는 2022년 9월 16일 유럽인권재판소에서 탈퇴했으나, 그 이전에 발생한 인권침해 사건에 대해서는 여전히 재판소의 관할권이 유지된다. 특히 *F.M. and Others v. Russia* 판결은 러시아 내 북한 노동자 착취와 관련한 향후 제소 가능성을 뒷받침할 수 있는 중요한 선례로 볼 수 있다.

---

108. Article 21 of the Convention against Torture and Article 22 of the International Convention on the Elimination of All Forms of Racial Discrimination grant the International Court of Justice jurisdiction over disputes;
United Nations. *Convention against Torture and Other Cruel, Inhuman or Degrading Treatment or Punishment*. 10 Dec. 1984. United Nations Treaty Series, vol. 1465, p. 85. Entered into force 26 June 1987. Ratified by the USSR on 3 Mar. 1987 (binding on the Russian Federation as successor state);
United Nations. *International Convention on the Elimination of All Forms of Racial Discrimination*. 7 Mar. 1966. United Nations Treaty Series, vol. 660, p. 195. Entered into force 4 Jan. 1969. Ratified by the USSR on 4 Feb. 1969 (binding on the Russian Federation as successor state).
109. *Questions relating to the Obligation to Prosecute or Extradite*, 각주 94, pp. 88.

표 8. 러시아의 주요 국제 인권·노동 의무

비준된 주요 국제 인권·노동 조약	주요 조항 및 의무
노예 협약 (Slavery Convention)	**제2조 & 5조:** 강제노동을 포함한 모든 형태의 노예제를 방지하고 억제할 의무
팔레르모 의정서 (UN Palermo Protocol)	**제6조:** 인신매매 피해자 지원 의무 **제9조 & 10조:** 정책 및 프로그램 시행, 법 집행 기관 간 정보 교환 촉진을 통해 인신매매를 예방하고 퇴치할 의무
시민적 및 정치적 권리에 관한 국제 규약(ICCPR)	**제2조:** 국가 영토 내 모든 개인에 대한 규약상의 권리 보장 및 권리 침해에 대한 효과적인 구제 조치 제공 의무 **제7조:** 고문 및 잔혹하거나 비인도적이거나 굴욕적인 대우 또는 처벌 금지 **제8조:** 강제노동 또는 의무노동, 예속 및 노예제 금지 **제26조:** 차별 없이 법 앞에 평등한 보호를 보장할 의무
경제적·사회적 및 문화적 권리에 관한 국제 규약(ICESCR)	**제6조:** 자유롭게 선택하거나 수락한 노동을 통해 생계를 영위할 권리를 보호할 의무 **제7조:** 공정한 임금, 안전한 환경, 합리적인 근로 시간을 포함하여 공정하고 유리한 근로 조건을 보장할 의무 **제8조:** 노동조합을 결성하고 가입할 권리를 보호할 의무

모든 형태의 인종차별 철폐에 관한 국제 협약(ICERD)	**제5조(e)(i)**: 출신 민족에 따른 차별 없이 노동권, 자유로운 직업 선택권, 공정하고 유리한 근로 조건, 동일 노동에 대한 동등 보수를 받을 권리 등을 보호할 의무
고문방지협약(CAT)	**제2조 & 16조**: 고문 및 기타 잔혹하고 비인도적이거나 굴욕적인 대우나 처벌을 방지하기 위한 효과적인 조치를 취할 의무
유럽인권협약 (ECHR; 2022년 9월까지 적용)	**제4조 & 14조**: 노예, 예속 및 강제노동을 금지하고, 협약상의 권리 향유에 있어 차별을 금지함
주요 국제노동기구 협약	**강제 또는 의무 노동에 관한 협약(ILO 협약 29호) 제1, 25조 & 26조**: 가능한 한 조속히 모든 형태의 강제 또는 의무 노동의 사용을 억제하고, 강제노동을 형사처벌 대상으로 삼으며, 주권 또는 관할권 하의 모든 영토에 협약을 적용할 의무 **강제노동의 폐지에 관한 협약(ILO 협약 제105호) 제1조 & 2조**: 경제 발전을 위한 수단으로서의 강제노동 사용을 금지할 의무 **1930년 강제노동협약에 대한 2014년 의정서(ILO협약 제029호에 대한 의정서) 제1조~5조**: 강제노동 예방 및 철폐를 위한 효과적 조치 시행; 채용 과정의 학대 및 사기 방지; 공공·민간 부문 실사 지원; 강제노동 위험을 높이는 근본 원인 해결; 피해자 신원 확인·석방·보호·재활; 법적 지위와 무관한 구제 보장 및 강압에 의한 범죄로부터 피해자 보호; 모든 형태의 강제노동 예방 및 철폐를 위한 국제 협력 의무

주요 국제노동기구 협약	**공업 및 상업부문 근로감독에 관한 협약(ILO협약 제81호) 제1조 & 2조:** 산업 및 상업 사업장의 근로조건을 감독하기 위해 노동 감독 시스템을 유지할 의무 **결사의 자유 및 단결권 보호에 관한 협약(ILO 협약 제87호) 제1조 &2조:** 노동조합을 결성하고 가입할 권리를 보호할 의무 **단결권 및 단체교섭권 원칙의 적용에 관한 협약(ILO 협약 제98호) 제1조 &2조:** 단체 교섭권을 보호하고 반노조 차별 행위로부터 충분히 보호받도록 보장할 의무 **동일가치 동일보수에 관한 협약(ILO 협약 제100호) 제1조 &2조:** 동일 가치 노동에 대한 동등 보수를 보장할 의무 **임금 보호에 관한 협약(ILO 협약 제95호) 제5조, 6조, 8조, 9조 & 14조:** 노동자에게 임금을 직접 지불하고, 임금을 자유롭게 처분할 권리를 보장하며, 고용 전 모든 임금 조건을 통보할 의무; 임의적인 임금 공제 및 고용 확보·유지를 위한 공제를 금지함 **고용 및 직업상의 차별에 관한 협약(ILO협약 제111호) 제1조:** 출신 민족 등을 이유로 한 고용 및 직업상 차별을 금지할 의무 **삼자협의에 관한 협약(ILO 협약 제 144호) 제1조 & 2조:** 정부, 사용자, 노동자 간 협력을 통해 노동 기준을 형성하는 삼자 협의 기구를 유지할 의무

주요 국제노동기구 협약	**산업안전보건과 직업환경에 관한 협약(ILO 협약 제155호) 제1조 ~ 3조:** 안전하고 건강한 작업 환경을 증진하고 모든 노동자의 복지를 보장할 의무 **산업안전보건 증진체계에 관한 협약(ILO협약 제187호) 제1조 & 2조:** 산업 안전 보건을 증진하고 업무 관련 재해를 예방하며, 점진적으로 안전하고 건강한 작업 환경을 달성하기 위해 적극적인 조치를 취할 의무

오늘날 국제법은 기업의 인권침해 연루 문제를 다루며 빠르게 변화하고 있다. 비록 현재까지도 다수의 국제인권조약은 기업에 직접적인 법적 구속력을 부여하지는 않지만, 기업의 인권 존중 책임을 규정하는 권위 있는 규범 체계는 이미 확립되어 있으며, 이를 위반할 경우 기업은 법적·재정적·평판적 위험에 직면한다.

유엔의 기업과 인권 이행지침은 기업의 인권 존중 책임을 규범화한 글로벌 기준이다.[110] 이는 국가의 인권 보호 의무와는 별도로 독립적으로 작동하며, 기업이 인권실사(human rights due diligence, HRDD)를 통해 자사 활동과 공급망 전반에서 발생할 수 있는 인권침해를 식별·예방하고 완화하며 그 결과에 대한 책임을 질것을 요구한다. 인권실사는 ① 실제 및 잠재적 인권 영향 파악, ② 이에 대한 대응및 시정 조치, ③ 조치의 효과성 검증과 이해관계자 의견 수렴, ④ 투명한 소통이라는 네 가지 핵심 요소로 이루어진다.

러시아의 대표적 개발업체인 스트라나 디벨롭먼트와 에스카드라는 북한 노동자를 직접 고용하여 강제노동과 예속을 포함한 중대한 인권침해에 연루되어 있다. 이들은 북한 관리자에게 현장 감독을 전적으로 위임하고, 노동자에게 과도한 장시간 노동을 강요하여 공사 기간을 단축하고 관리 비용을 절감함으로써 이익을 얻는다. 이러한 실태는 유엔 북한제재위원회 전문가패널, 국제 인권단체, 주요 언론을 통해 반복적으로 확인·보도되었다. 기업이 이에 대한 착오를 주장하는 것은 법적·윤리적으로 더는 정당화될 수 없다.

---

110. United Nations. *Guiding Principles on Business and Human Rights: Implementing the United Nations "Protect, Respect and Remedy" Framework*. HR/PUB/11/04, 2011. Endorsed by the UN Human Rights Council in Resolution 17/4, 16 June 2011.

기업 책임을 규율하는 국제 규범은 이제 점차 연성법에서 경성법으로 전환되고 있다. 2024년 7월 발효된 유럽연합 기업 지속가능성 실사지침은 기업과 인권 이행원칙의 자발적 기준을 법적 의무로 전환한 중대한 진전이다.[111] 이는 대규모 유럽연합 기업뿐 아니라 유럽연합 시장에서 상당한 매출을 올리는 역외 기업에도 적용된다. 따라서 러시아 기업이나 그 모기업이 해당 요건에 포함될 경우, 인권실사 의무를 이행하지 않을 시 유럽 연합 내에서 행정 제재와 민사 책임을 동시에 부담하게 된다.

유럽연합 기업 지속가능성 실사지침의 집행은 이원적으로 이루어진다. 각 회원국 감독기관은 기업의 위반 행위에 대해 행정 처벌을 부과할 수 있으며, 피해 당사자는 기업이 인권실사 의무를 고의 또는 과실로 위반한 경우 민사소송을 제기할 수 있다. 이는 기업의 인권 책임을 실질적이고 강제적인 규범으로 편입시키는 중대한 전환점이며, 나아가 향후 의무적 인권실사(mandatory human rights due diligence, mHRDD) 제도의 전세계적 확산을 예고하는 중요한 신호탄으로 평가된다.

---

111. European Union. *Directive (EU) 2024/1760 of the European Parliament and of the Council of 13 June 2024 on Corporate Sustainability Due Diligence. Official Journal of the European Union*, 5 July 2024.

CHAPTER 9
결론

9.1 제재 이후 상황에 대한 종합적 고찰

본 보고서의 분석에 따르면, 북한 국적자의 취업허가 발급을 금지한 유엔 제재는 러시아에서 제대로 이행되지 않았다. 러시아는 여전히 북한 노동자를 고용하고 있으며, 이들의 임금은 평양 당국에 의해 체계적으로 수탈되어 북한 정권의 통치자금과 대량살상무기 개발로 전용되고 있다.

이 과정에서 러시아는 유엔 제재의 안보 목적을 근본적으로 훼손하는 회피 장치를 조직적으로 구축하였다. 특히 러시아 당국은 정식 취업허가 대신 북한 노동자를 유학생 신분으로 입국시켜 제재를 우회하고 있다. 그 결과, 수만 명의 북한 노동자가 제재 이전보다 더 취약한 조건에서 러시아에 남아 있으며, 러시아 내 북한 노동자는 국제인권법상 강제노동·예속 상태·노예화 범죄를 성립하는 극단적 착취 상황에 처해 있다. 북한 당국은 현지 관리요원을 통한 상시 감시, 신분증 압수, 숙소 배정, 이동·통신·정보 접근 제한 등을 통해 노동자를 전면적으로 통제하며 이들의 소득을 탈취한다. 제재 회피로 인한 불안정한 신분은 노동자를 착취와 학대에 더욱 취약하게 만들고 있다. 특히 학생비자 제도는 러시아 교육기관, 중개인, 현지 경찰이 얽힌 부패 구조 속에서 운영되며, 이 과정에서 발생되는 각종 비용은 노동자에게 전가된다.

이러한 초국가적 억압 체계는 러시아 국가 기관과 기업의 묵인과 협력 속에서 유지되고 있다. 이들은 노동조건 관리 책임을 북한 당국에 떠넘긴 채 학대에 관한 신빙성 있는 보고를 의도적으로 외면한다. 특히 유엔 제재 이후 러시아의 개입은 한층 강화되어, 북한 당국과 노골적으로 협력하여 허위 학생 서류를 발급하고 불법 노동 계약을 직접 중개하는 단계에까지 이르렀다. 값싼 노동력에 대한 지속적인 수요와 맞물려 러시아는 국제법을 준수하기보다는 제재를 회피하는 경로를 선택한 것이다. 이처럼 구조화된 공모로 인해, 포괄적 금지조치는 기대된 효과를 발휘하지 못하고 있으며, 제재가 채택된 지 7년이 지난 현재, 북한 노동자를 둘러싼 국제 안보적 정세는 점점 더 복잡해졌다. 북한 노동자의 임금은 여전히 금지된 무기 개발의 재원으로 활용되고 있으며, 이제는 북한군까지 러시아 전쟁에 직접 참전하고 있다. 더 나아가, 2024년에 체결된 북·러 포괄적 전략적 동반자 조약은 상호방위 조항을 통해 양국 간 동맹을 공식화함으로써 국제 규범을 정면으로 위반하고 인권침해를 더욱 악화시키고 있다.

이런 중대한 국면에서 국제사회는 기존의 금지 중심 제재만으로는 한계를 극복할 수 없으며, 보다 종합적이고 지속 가능한 전략을 모색해야 한다. 노동자가 고용으로써 기본권을 실현할 수 있도록 보장하고, 국가가 노동자의 기본권이 함부로 박탈되지 않도록 하는 제도적 장치가 필요하다. 특히 북한 노동자가 임금 통제권을 포함한 실질적 자율권을 확보할 수 있도록 지원하는 것은 북한 노동력 수출의 무기화를 차단하고, 안보와 인권이 교차하는 복합적 위협에 효과적으로 대응할 수 있는 핵심 대안이 될 것이다.

9.2 정책 권고안

본 절에서는 북한 노동자 착취 체계에 직접적 가담하거나, 공모하거나, 또는 과실로 이를 방조한 여러 주체들을 대상으로 권고안을 제시한다. 권고안은 이해관계자별로 정리되어 있으며, 각 주체가 서로의 책임을 인지·견인하고 인권과 노동조건 개선을 촉진할 수 있도록 상호 책무성을 강화하는 데 목적이 있다. 나아가, 본고는 권고안을 통해 기존의 '북한 국적자의 해외 취업 전면 금지' 접근을 넘어, 국제법에 기반한 원칙적이고 권리 중심적인 관여 방식으로의 전환을 권고한다.

9.2.1 러시아 정부를 향한 권고안

1. 제재 회피 수단을 근절하고, 국제사회와 협력하여 북한 노동자 고용에 대한 국제적·원칙적 관여 체제를 구축할 것.

러시아는 북한 노동자를 학생으로 위장해 제재를 회피하는 관행을 즉각 중단해야 한다. 북한 주민이 러시아에 입국할 경우, 그들의 실제 체류 목적과 고용 상황을 정확히 반영하는 적절한 취업 비자와 입국 서류를 발급해야 하며, 이는 단순한 행정

절차를 넘어 국제사회가 북한 노동자의 고용 과정과 임금 흐름을 투명하게 모니터링할 수 있는 제도적 기반을 마련하는 것을 의미한다.

북한 노동자의 고용은 원칙적 관여에 근거해 이루어져야 하며, 이를 위해 러시아는 유엔 안전보장이사회와 협력하여 국제사회가 합의한 인권 및 투명성 기준을 준수해야 한다. 이 접근 방식에서는 노동자가 임금을 직접 수령하도록 보장하고, 그 임금이 불법 대량살상무기 개발로 사용되지 않도록 하는 장치가 반드시 마련돼야 한다. 이러한 핵심 원칙이 준수되지 않는 경우, 고용이 허용되어서는 안 된다.

원칙적 관여 체제는 제재의 근본 목적을 훼손하지 않으면서도 국제사회가 노동권 보호라는 현실적 요구를 균형 있게 반영할 수 있도록 한다. 러시아는 이를 통해 유엔 헌장에 따른 국제평화 및 안보 유지 의무를 충실히 이행함과 동시에, 임금 보호에 관한 협약(ILO 협약 제95호)에 부합하는 방식으로 이주노동자의 권리를 실질적으로 강화할 수 있다.[112]

2. 노동자의 권리 침해와 착취에 대응하기 위해, 기업에 인권실사를 의무화하는 입법을 추진할 것.

러시아는 자국 관할 내에서 활동하는 기업이 인권실사를 의무적으로 수행하도록 요구하는 포괄적 입법을 도입해야 한다. 이를 통해 유엔 기업과 인권 이행지침을 근거로, 기업이 운영 전반과 공급망에서 발생할 수 있는 심각한 인권 침해 위험을 체계적으로 식별하고 예방하며 완화하도록 규정해야 한다. 이러한 의무는 북한 노동자를 직접 고용하는 기업뿐 아니라 북한 국영기업과 계약해 노동 서비스를 제공받는 기업에도 동일하게 적용되야 하며, 체계 내에서 기업은 공정한 보수와 적정한 노동조건 등 기본적 노동권을 보호하기 위해 가능한 모든 안전장치를 다하지 않을 경우 책임을 져야 한다.

입법에는 강력한 집행 장치가 포함되어야 하며, 미준수 시 행정적 제재, 피해자가 실질적 구제 수단에 접근할 수 있도록 하는 민사적 책임 규정, 비준수 사례를 접수·처리할 독립적 감독기구 설치가 포함되어야 한다. 동시에 러시아는 북한과 체결한 임시 노동 활동 관련 양자 협정을 개정해 근로조건 감독을 북한 당국에 위임하는 조항을 삭제하고 새 법과 일치시켜야 한다.

---

112. International Labour Organization. *Protection of Wages Convention, 1949 (No. 95)*. 1 July 1949; entered into force 24 Sept. 1952. Ratified by the USSR on 4 May 1961 (binding on the Russian Federation as successor state).

기업에 인권실사 의무를 부여함으로써 러시아는 강제 또는 의무 노동에 관한 협약(ILO 협약 29호)과 2014년 의정서에 따라 모든 형태의 강제 또는 의무 노동의 이용을 금지하는 의무를 실질적으로 이행하게 될 것이다.[113]

3. 금품을 받고 출결 및 각종 증빙서류를 위조하는 교육기관과 학대 의혹을 묵살하는 러시아 경찰의 부패 행위에 대한 책임을 강화할 것.

러시아에는 이미 부패 방지와 직권남용을 처벌할 수 있는 법률이 존재하지만 제재 회피와 북한 노동자 착취에 연루된 교육기관과 지역 경찰에 대해서는 법 집행이 제대로 이루어지지 않고 있다. 따라서 러시아는 관련 법률을 엄격히 적용해 해당 행위에 책임을 물어야 한다. 금품을 받고 학생 기록을 위조한 교육기관 관계자는 형법 제204조(상업적 뇌물수수), 제292조(공문서 위조), 그리고 해당되는 경우 제290조(공무원 뇌물수수)에 따라 조사 및 기소 대상이 되어야 한다.

또한 북한 관리자에게 뇌물을 받고 학대 의혹을 묵살하거나 북한 노동자를 협박해 금품을 갈취한 경찰관은 형법 제285조(직권남용), 제286조(직권 초과), 제290조(공무원 뇌물수수)에 따라 책임을 물어야 한다.[114] 이러한 법 집행은 2008년 12월 25일 제정된 연방법 제273-FZ호 '부패방지법'의 틀 안에서 추진되어야 한다.[115]

교육기관과 경찰의 부패 행위에 대한 책임을 강화함으로써 러시아는 유엔 부패 방지 협약(United Nations Convention against Corruption, UNCAC)에서 규정된 구속력 있는 의무 - 부패와 공적 권한 남용을 범죄화하고 처벌하도록 요구되는 국제적 의무 - 를 이행하는 구체적 수단을 확보할 수 있다.[116]

---

113. International Labour Organization. *Forced Labour Convention, 1930 (No. 29)*. 28 June 1930; entered into force 1 May 1932. Ratified by the USSR on 23 June 1956 (binding on the Russian Federation as successor state);
International Labour Organization. Protocol of 2014 to the Forced Labour Convention, 1930 (P029). Adopted 11 June 2014, entered into force 9 Nov. 2016. Ratified by the Russian Federation on 17 Jan. 2019.
114. Russian Federation. *Federal Law No. 63-FZ, Criminal Code of the Russian Federation*. 13 June 1996, amended on 31 July 2025. ConsultantPlus, <http://www.consultant.ru/document/cons_doc_LAW_10699/>
115. Russian Federation. *Federal Law No. 273-FZ, On Counteracting Corruption*. 25 Dec. 2008. ConsultantPlus, <http://www.consultant.ru/document/cons_doc_LAW_82959>
116. United Nations. United Nations Convention against Corruption. Adopted 31 Oct. 2003, entered into force 14 Dec. 2005. United Nations Treaty Series, vol. 2349, p. 41. Ratified by the Russian Federation on 9 May 2006.

4. 인신매매 피해자 보호 강화와 구제·지원 접근을 보장할 것.

러시아는 인신매매 피해자가 체류 자격과 관계없이 구제, 보호시설, 법률 지원에 접근할 수 있도록 보호를 확대하고 강화해야 한다. 특히 북한 노동자는 도착 직후 관리에게 여권을 압수당하는 사례가 빈번해, 작업장에서 도주중인 노동자는 신분을 입증하지 못하기 때문에 인신매매의 조건에 부합하는 인권침해를 당했음에도 인신매매 피해자가 아닌 불법체류자로 취급되는 경우가 많다. 이로 인해 피해자는 법적 구제 절차에 접근할 수 없는 구조적 한계에 놓이게 된다.

이러한 문제를 해결하기 위해 러시아는 연방법 제119-FZ호 '범죄절차에 참여하는 피해자, 증인 및 기타 인원의 국가 보호에 관한 법률'의 적용 범위를 모든 인신매매 피해자로 확대하여, 피해자의 안전과 법적 구제 접근을 실질적으로 보장해야 한다.[117] 동시에 러시아는 형법 제322.1조를 개정해, 신분증을 박탈당한 채 착취를 당하고 있는 피해자에게 인도적 지원을 제공하는 행위를 범죄로 규정하는 관행을 중단하고, 지원을 제공하는 개인과 단체가 형사 책임을 지지 않도록 보장해야 한다.[118] 이러한 개정은 *F.M. and Others v. Russia* 사건 등 국제 판례에서 지적된 제도적 공백을 해소하며, 인신매매 피해자 보호와 지원을 보장할 것을 요구하는 유엔 팔레르모 의정서 상의 구속력 있는 의무에도 부합한다.[119]

5. 강제송환금지 원칙을 전면적으로 준수하고, 북한 노동자를 강제송환하는 관행을 종식시킬 것.

러시아는 강제송환금지원칙을 철저히 준수해야 하며, 이를 단순한 강제송환 금지로 한정하지 않고, 위험에 처한 개인을 식별하고 보호해야 하는 적극적 의무로 인식해야 한다. 이를 위해 북한 주민을 북한 당국에 인계하기 전에, 직면할 수 있는 위협을 공정하고 투명하게 심사하는 절차를 마련해야 하며, 이는 1951년 난민협약, 1967년 의정서, 고문방지협약 제3조에서 규정한 국제적 의무를 준수하는 데 필수적이다.

---

117. Russian Federation. *Federal Law No. 119-FZ, On State Protection of Victims, Witnesses, and Other Participants in Criminal Proceedings.* 20 Aug. 2004. *Garant Legal Information System*, <https://base.garant.ru/12136633>

118. Russian Federation, 각주 114, pp. 108.

119. United Nations. *Protocol to Prevent, Suppress and Punish Trafficking in Persons, Especially Women and Children, Supplementing the United Nations Convention against Transnational Organized Crime.* Adopted 15 Nov. 2000, entered into force 25 Dec. 2003. *United Nations Treaty Series*, vol. 2237, p. 319. Ratified by the Russian Federation on 26 May 2004.

아울러 러시아는 2016년 북한과 체결한 '불법' 입국자·체류자 송환 협정을 철회하거나, 난민지위 심사(Refugee Status Determination, RSD)를 모든 인계의 필수 선행 요건으로 명시하도록 개정해야 한다. 또한 유엔난민기구와 긴밀히 협력하여 난민지위심사 절차가 공정하고 철저히 시행되도록 보장해야 하며, 이 과정에서 고문, 박해를 비롯한 심각한 인권 침해 위험에 대한 엄격한 평가를 포함해야 한다. 아울러 러시아는 강제송환금지 원칙 준수 조치와 난민지위 심사 결과를 국제사회에 정기적으로 보고해 투명성을 확보해야 한다. 이와 같은 일련의 조치는 러시아가 강제송환금지 원칙을 실질적으로 이행하고, 고문이나 박해 위험이 있는 국가로의 송환을 금지하는 국제법적 의무를 다하는 데 핵심적 역할을 할 수 있을 것이다.[120]

6. 추가 조약 비준을 통해 국제 노동 및 인권 기준에 대한 이행 의지를 강화할 것.

이주노동자 권리 보호에 대한 강력한 의지를 표명하기 위해 러시아는 '모든 이주노동자와 그 가족의 권리 보호에 관한 국제협약,' 1954년 '무국적자의 지위에 관한 협약,' 1961년 '무국적 감소 협약'을 비준해야 한다. 또한, '국제형사재판소 로마규정'의 비준을 검토하여 노예화와 같은 반인도범죄에 대응해야 한다.

9.2.2 북한을 향한 권고안

1. 임금과 기타 근로조건 결정 과정에서 노동자의 권한을 강화하고 의사를 존중할 것.

북한은 강제노동에서 합법적 노동관계로 전환하기 위해, 고용과정에서 노동자의 진정한 동의와 투명하며 집행 가능한 계약에 근거하도록 보장해야 한다. 파견 기업은 출국 전 모든 노동자에게 서면 고용계약을 제공해야 하며, 계약에는 고정 월급 또는 작업량에 따른 임금 산정 방식 등 명확한 지급·분배 일정이 포함되어야 한다. 계약에는 근로시간, 휴가와 병가 보장, 산업재해에 대한 포괄적 보험 등이 명시되어야 하며, 국제노동기구의 규범을 준수해야 한다. 또한 계약 위반 시 발생하는 책임과 그 적용 범위를 명확히 규정해야 한다. 이러한 문서화된 권리 보장은 국가 주도

---

120. United Nations. *Convention Relating to the Status of Refugees*. Adopted 28 July 1951, entered into force 22 Apr. 1954. *United Nations Treaty Series*, vol. 189, p. 137. Acceded to by the USSR on 2 Feb. 1993 (binding on the Russian Federation as successor state);
United Nations. *Protocol Relating to the Status of Refugees*. Adopted 31 Jan. 1967, entered into force 4 Oct. 1967. *United Nations Treaty Series*, vol. 606, p. 267. Acceded to by the USSR on 2 Feb. 1993 (binding on the Russian Federation as successor state);
United Nations. *Convention against Torture and Other Cruel, Inhuman or Degrading Treatment or Punishment*. 10 Dec. 1984. *United Nations Treaty Series*, vol. 1465, p. 85. Entered into force 26 June 1987. Ratified by the USSR on 3 Mar. 1987 (binding on the Russian Federation as successor state).

의 강제노동 체제를 해체하고 공정한 노동조건을 확립하는 핵심 단계이며, 동시에 자유권 계약 제8조와 사회권 규약 제7조에 따른 북한의 국제법상 의무를 이행하는 중요한 조치가 된다.[121]

2. 노동자의 재정적 자율성을 보호하기 위해 고용주에게로의 의존을 강제하는 관행을 금지하고 임금에 대한 전적인 권리를 보장할 것.

북한은 기업 관리자가 항공료나 기타 출국 준비 비용을 노동자에게 빚으로 전가해 노동자가 상환을 강요받는 부채노예제 관행을 반드시 근절해야 한다. 또한, 임금 분배 과정에서 관리자가 중간에 개입하는 관행을 금지하여 임금 착취를 차단해야 한다. 고정적 '충성자금' 제도를 폐지하고, 임금 지급 이후 소득에 따라 비례적으로만 부과되는 투명하고 공정한 누진소득세 체계를 도입해야 한다. 모든 합법적 공제는 자의적으로 적용되지 않도록 사전에 노동자에게 명확히 고지되어야 한다. 노동자가 자신의 임금을 자유롭게 관리하고 사용할 권리를 보장해야 하며, 이를 제한해서는 안 된다. 이러한 조치는 노동자의 재정적 자율성을 실질적으로 강화하고, 강제노동 체제를 해체하는 핵심적 역할을 할 수 있을 것이다.

3. 노동 수출 수익의 대량살상무기 개발 전용을 즉각 중단하는 것.

노동자의 임금을 북한의 대량살상무기 개발에 사용하는 행위는 국제 안보를 위협할 뿐만 아니라, 노동자의 기본권인 공정한 임금을 지급받을 권리를 침해한다. 북한이 국제사회와 협력을 새롭게 재개하기 위해서는 해외 노동 수익이 무기 개발에 사용되지 않았음을 명확하고 검증 가능한 방식으로 입증해야 한다. 이를 위해 북한은 국제 사회와 협력하여 유엔 등 신뢰할 수 있는 제3자가 관리하는 임금 보호 제도를 마련해야 한다. 또한 앞서 제시된 권고안에 따라, 누진소득세로 확보한 세입이 보건·교육·사회복지 분야에 적절히 사용되도록 보장해야 한다.

또한, 독립적 회계를 통해 노동 수익의 흐름 전체를 감사하고, 그 결과를 공개함으로써 국제 평화와 안보에 관한 유엔 헌장상 의무를 충실히 이행하고 있음을 입증해야 한다. 이와 같은 조치는 해외 노동 수익의 투명성을 확보하고, 노동자의 권리를 보호하며, 북한이 국제사회와 책임 있는 협력 관계를 구축하는 데 필수적이다.

4. 직장 밖의 감시와 통제를 중단하고 노동자의 사생활권을 존중할 것.

---

121. United Nations. *International Covenant on Economic, Social and Cultural Rights*. Adopted 16 Dec. 1966, entered into force 3 Jan. 1976. *United Nations Treaty Series*, vol. 993, p. 3. Acceded to by the Democratic People's Republic of Korea on 14 Sept. 1981.

북한은 노동자의 일과 생활의 경계를 침해하며 전면적 통제를 가하는 모든 관행을 즉각 중단해야 한다. 노동자는 여권, 비자, 신분증 등 개인 문서를 스스로 보유함으로써 법적 자율성을 향유하여야 한다. 또한, 고용주가 관리하는 기숙사나 거주지에 강제로 배치되지 않고, 자신이 거주할 장소를 자유롭게 선택할 권리를 가져야 한다. 근무 외 시간에는 자유로운 이동, 타인과의 의사소통, 개인적 활동이 보장되어야 하며, 이러한 활동을 위해 사전 승인이나 허가를 받도록 요구해서는 안 된다. 이러한 보호 조치는 이동의 자유와 사생활에 대한 자의적 간섭 금지를 규정한 자유권 규약 제12조 및 제17조에 명시된 바 있다.[122]

5. 러시아 내 북한 노동자가 관리자 및 보위부원의 인권침해에 대해 적절히 신고하고 구제받을 수 있도록 보장할 것.

북한은 해외 파견 노동자들이 기업 관리자나 국가 보위원의 인권침해 행위를 안전하게 신고하고 실질적인 구제를 받을 수 있는 독립적이고 공정한 메커니즘을 마련해야 한다. 이를 위해 파견 기업이나 그 소속 부처와 분리된 전담 인력을 정기적으로 파견하여 임금 착취, 폭력 등 각종 위반 행위에 대한 진정을 접수하고 철저히 조사하도록 해야 한다. 전담 기구는 조사 결과에 따라 피해자에게 임금 반환 등 적절한 구제를 제공하고, 가해자에게는 벌금 또는 형사 처벌을 부과해야 한다. 또한 전 과정에서 피해자의 익명성을 철저히 보장하고, 어떠한 보복 행위로부터도 보호해야 한다. 이러한 조치는 북한의 '신소청원법'뿐 아니라, 모든 개인이 효과적인 구제를 받을 권리를 보장하도록 규정한 자유권 규약 제2조 제3항에 명시된 의무와도 일치한다.[123]

6. 해외 파견 노동자 선발 과정에서 차별적·부패적 관행을 전면 철폐할 것.

북한은 성분, 토대, 혼인 여부, 장애 등 업무 수행과 무관한 개인적 특성을 기준으로 한 차별적 선발 관행을 전면 폐지해야 한다. 동시에 해외 파견을 위해 뇌물이 사실상 필수 요건으로 자리잡은 부패 구조를 해체해야 한다. 선발 절차는 투명하고 능력과 성과를 기반으로 이루어져야 하며, 직업적 기술과 자격을 중심으로 모든 시민이 해외 노동 기회에 공평하게 접근할 수 있도록 보장해야 한다. 이러한 개혁은 자유권 규약 제2조와 사회권 규약 제2조 및 제7조가 보장하는 평등과 차별금지 원칙을 실질적으로 이행하기 위해 필수적인 조치이다.[124]

---

122. United Nations. *International Covenant on Civil and Political Rights*. 16 Dec. 1966. *United Nations Treaty Series*, vol. 999, p. 171. Entered into force 23 Mar. 1976. Acceded to by the Democratic People's Republic of Korea on 14 Sept. 1981.
123. Ibid.
124. United Nations. *International Covenant on Economic, Social and Cultural Rights*.

7. 국제 노동 및 인권 기준 준수 의지를 강화하여 추가적인 조약 비준할 것.

북한은 국제노동기구에 가입하고, 강제노동협약(ILO 협약 제29호), 강제노동 폐지 협약(ILO 협약 제105호), 결사의 자유 협약(ILO 협약 제87호), 고용 및 직업상의 차별에 관한 협약(ILO 협약 제111호) 등 핵심 협약을 비준해야 한다. 또한, 고문방지협약을 비롯한 미비준 인권 조약에 가입하고, 노예화를 비롯한 반인도범죄 근절에 대한 의지를 관철하여 국제형사재판소 로마규정을 비준해야 한다.

9.2.3 기타 정부 및 국제기구를 향한 권고

1. 북한 주민의 고용에 대한 전면적 금지에서 원칙적 관여에 기반한 고용 체제로 전환할 것.

유엔 안보리는 북한 주민 고용을 전면적으로 금지하는 현행 조치의 한계를 고려하여, 의무적이고 독립적으로 관리·감독되는 임금 보호 장치가 마련된 경우에만 고용을 허용하는 원칙적 관여 체제를 검토해야 한다. 이러한 접근은 러시아 정부와 기업이 제재 불이행을 정당화하거나 인도주의적 예외를 남용할 가능성을 제한한다.

원칙적 관여 체제는 두 가지 상호 보완적 장치를 중심으로 구축될 수 있다. 첫째, 에스크로 계좌를 통해 임금을 안전하게 관리하는 방법이며, 둘째, 국제기구를 통해 현물 형태로 보상을 제공하는 방식이 있다.

① 에스크로 계좌를 통한 임금 보호

해외 기업은 유엔의 관리하에 북한 노동력 이용 대가를 에스크로 계좌에 예치해야 한다. 예치된 자금은 노동자 본인명의의 직불카드 등 추적 가능한 수단을 통해 인출할 수 있도록 하여, 관리자에 의한 임금 착취와 자의적 공제를 방지한다.

이러한 메커니즘은 1995년 석유-식량 프로그램(Oil-for-Food Programme)의 결점을 보완하기 위해 처음 고안되었다. 당시 이라크는 석유 판매 대금으로 식량과 의약품 등 인도적 필요를 충당했지만,[125] 정권이 구매자와 공급자를 직접 지정하면서 담합과 리베이트가 발생했다.[126] 북한의 경우, 이를 방지하기 위해 해외 기업

Adopted 16 Dec. 1966, entered into force 3 Jan. 1976. *United Nations Treaty Series*, vol. 993, p. 3. Acceded to by the Democratic People's Republic of Korea on 14 Sept. 1981; United Nations. *International Covenant on Civil and Political Rights*. 16 Dec. 1966. *United Nations Treaty Series*, vol. 999, p. 171. Entered into force 23 Mar. 1976. Acceded to by the Democratic People's Republic of Korea on 14 Sept. 1981.
125. United Nations Security Council. *Resolution 986 (1995)*. 14 Apr. 1995, S/RES/986.
126. Sharon Otterman, "Iraq Oil-for-Food Scandal." *Council on Foreign Relations*, 28 Oct. 2005, <https://www.cfr.org/backgrounder/iraq-oil-food-scandal>

은 노동자를 고용하기 전에 독립적인 심사를 거쳐 사전 승인되어야 하며, 소유권 구조를 완전히 공개하고 표준화된 승인 제도를 준수해야 한다.

② 국제 인도주의 기구를 통한 현물 보상

북한 노동자가 받을 임금은 전부 또는 일부를 현물로 전환해, 유엔과 검증된 국제 인도주의 기구가 식량, 주거, 생필품 등으로 제공하도록 할 수 있다. 이는 '노동을 위한 식량(Food-for-Work)' 프로그램을 모델로 한 것으로, 노동자가 직접 노동의 대가를 누리고 생활 여건을 개선하는 동시에, 북한 관리자의 재정 착취를 차단한다.[127] 추가로, 국제사회는 노동자가 북한 내 가족을 부양할 수 있도록 임금 대신 인도적 자원을 송금하는 시범 프로그램을 운영할 수 있다. 이때, 높은 수준의 투명성과 모니터링이 요구되며, 성공이 검증된 이후에만 확대해야 하고, 신뢰성이 훼손될 경우 즉시 중단할 수 있는 사전 종료 프로토콜을 마련해야 한다. 궁극적으로 이러한 현물 보상 방식은 북한 정부의 임금 전용을 방지하고, 해외 노동자의 생활 여건을 개선하며, 가족 부양이라는 근본적 목적 달성에 기여한다.

2. 기업에 대한 인권 실사 의무를 도입·강화하고, 북한 강제노동이 연루된 사업 활동에 시장 제한을 부과할 것.

유럽연합 집행위원회는 '강제노동 규정(Forced Labour Regulation)'을 적극 활용해 '국가 주도형' 강제노동의 위험 지표를 명확히 제시하는 초기 지침을 마련해야 하며, 이 과정에서 북한 노동자 사례를 반드시 포함해야 한다.[128] 비록 유엔 제재로 인해 유럽연합 회원국이 더 이상 북한 노동자를 직접 고용하지는 않지만, 건설, 섬유, 조선, 농업 등 여러 분야의 공급망은 여전히 강제노동 위험에 취약하다. 따라서 집행위원회는 회원국과 집행기관이 공급망 매핑(mapping)을 실시하고, 제3자 감사를 의무화하며, 시민사회 및 국제기구가 제공하는 정보를 적극 반영하도록 지침을 내려야 한다.

---

127. The International Labour Organization has published Terms of Reference for Guidelines regarding Food for Work Programmes: van Esch, Wilma, Jan Fransen, Jane Tournée, and David Mason. *TOR for Guidelines on Food for Work Programmes*. International Labour Organization, May 1997, <https://www.ilo.org/sites/default/files/wcmsp5/groups/public/%40ed_emp/%40emp_policy/%40invest/documents/instructionalmaterial/wcms_asist_6036.pdf>
128. European Union. *Regulation (EU) 2023/1115 of the European Parliament and of the Council of 31 May 2023 on Prohibiting Products Made with Forced Labour on the Union Market*. *Official Journal of the European Union*.

강제노동 규정은 2024년 12월 13일 발효되었으나, 2027년 12월 14일부터 전면 시행된다. 따라서 과도기 단계에서 초기 지침을 제시하는 것은 집행 기준을 선제적으로 마련하고, 규정이 완전히 시행될 때 회원국 간 일관된 준수를 확보하기 위해 필수적이다.

또한, 유럽연합 회원국은 기업 지속가능성 실사 지침을 신속히 자국에서 법제화하고 실행해야 한다. 북한 노동력 사용을 중대한 인권 위험으로 명시해 강화된 인권 실사 의무가 발동되도록 하고, 위험을 해소할 수 없는 경우에는 책임 있는 분리를 의무화해야 한다.[129] 합법적 경제 활동은 공급업체가 국제노동기준을 준수한다는 사실이 검증될 때에만 허용되며, 북한 노동력이나 이주노동이 포함된 경우에는 임금 보호 메커니즘 참여가 필수적으로 요구되어야 한다.

미국 의회 또한 '북한 강제노동 방지법'을 제정해, '위구르 강제노동 방지법(Uyghur Forced Labor Prevention Act)'을 모델로 북한 노동이 일부라도 투입된 모든 제품에 대해 강제노동 추정 원칙을 적용해야 하며, 북한 외부에서 생산된 경우도 포함해야 한다.[130] 입법 전까지는 미국 관세국경보호청(U.S. Customs and Border Protection, CBP)이 관세법 제307조에 따른 집행을 우선시하고, 북한 관련 투입재가 포함된 수입품에 위구르 강제노동 방지법 수준의 문서 요건을 적용해야 한다.[131]

끝으로, 기타 관할권도 강제 인권 실사 의무와 강제노동 제품 및 서비스 수입 금지를 결합한 유사 조치를 도입해야 한다. 이러한 국제적 공조는 집행 공백을 해소하고, 북한 강제노동이 규제가 느슨한 시장으로 이전되는 것을 방지하는 데 필수적이다.

3. 러시아 파견 북한 노동자를 위한 '세이프 하버 프로토콜(Safe Harbor Protocol)'를 수립할 것.

러시아와 국경을 접한 유럽연합 회원국(에스토니아, 라트비아, 리투아니아, 핀란드)과 인접 경유국(몽골, 카자흐스탄)은 한국, 영국, 캐나다, 미국 등과 협력하여, 러시아 파견 근무지에서 탈출한 북한 노동자를 보호하기 위한 '세이프 하버 프로토콜

---

129. European Union. *Directive (EU) 2024/1760 of the European Parliament and of the Council of 13 June 2024 on Corporate Sustainability Due Diligence and Amending Directive (EU) 2019/1937 and Regulation (EU) 2023/2859. Official Journal of the European Union.*
130. United States. *Uyghur Forced Labor Prevention Act.* Public Law No. 117-78, 135 Stat. 1525, 23 Dec. 2021.
131. United States. *Tariff Act of 1930,* Public Law No. 71-361, 46 Stat. 689, 17 June 1930.

(Safe Harbor Protocol)'을 신속히 마련해야 한다. 프로토콜에 따라 국경 인접국은 국제난민법에 근거한 외교적 합의를 통해 안전한 통과와 임시 보호를 보장하고, 망명 및 난민 지위 신청을 신속히 처리하기 위한 전용 영사 프로그램을 운영하며, 유엔난민기구와 국제이주기구(International Organization for Migration, IOM)의 지원을 받아 긴급이송시설(Emergency Transit Facility) 모델을 활용한 임시 보호 거점을 설치해야 한다.[132] 대한민국은 해외 북한이탈주민 보호 및 정착 지원에 관한 법적 책무를 토대로 이러한 외교적 조율에서 주도적 역할을 수행해야 한다. 러시아가 북한과 체결한 탈출 노동자 송환 협정과 난민 지위 부여를 지속적으로 거부하는 현실을 고려할 때, 프로토콜의 구축은 시급하다. 국경 인접국과 대한민국이 공동으로 책임을 분담함으로써, 세이프 하버 프로토콜은 강제송환 금지 원칙을 제도적으로 구현하고, 러시아 파견 근무지에서 탈출하는 북한 노동자를 위한 실질적인 인도적 지원통로가 될 것이다.

4. 러시아 파견 북한 노동자를 비롯한 이주노동자의 인권 개선을 위해 활동하는 시민사회단체 및 법률지원 단체에 대한 지원을 확대할 것.

각국 정부와 국제기구는 러시아 및 인접국에서 활동하며 북한 노동자를 포함한 러시아 내 이주노동자의 권리를 옹호하는 시민사회 및 법률지원 단체에 대한 재정적 지원을 대폭 확대해야 한다. 현장 네트워크를 강화하는 것은 인신매매와 강제노동 피해자에게 직접적인 구호, 법률적 지원, 안전한 이동 경로를 제공하는 데 필수적이다. 동시에 이는 국제사회가 유엔 팔레르모 의정서를 비롯한 국제 규범에 따라 취약집단 보호라는 공동의 의무에 대한 실질적 이행이기도 하다.[133]

9.2.4 관련 기업을 향한 권고안

1. 글로벌 공급망 계약 과정에서 강제노동 및 기타 인권침해 위험을 식별·예방·완화·책임 규명을 위해 강화된 인권실사 실시할 것.

기업은 유엔 기업과 인권 이행지침이 강조하듯, 글로벌 공동체의 책임 있는 행위자로서 강화된 인권 실사를 철저히 수행해야 한다. 이를 위해 공급업체와 고위험 산업에 대한 신뢰할 수 있는 제3자 정보를 면밀히 검토하고, 공급망 전반에서 제품과 서

---

132. United Nations High Commissioner for Refugees. *Emergency transit facilities*. UNHCR Resettlement Handbook, <https://www.unhcr.org/resettlement-handbook/4-managing-resettlement-activities/4-9-emergency-transit-facilities-etf/>
133. United Nations. *Protocol to Prevent, Suppress and Punish Trafficking in Persons, Especially Women and Children, Supplementing the United Nations Convention against Transnational Organized Crime*. Adopted 15 Nov. 2000, entered into force 25 Dec. 2003. United Nations Treaty Series, vol. 2237, p. 319.

비스 조달 과정을 투명하게 관리해야 한다. 이는 공급망에 포함된 다양한 원자재와 부품이 북한 노동자를 비롯한 전 세계 취약 집단의 강제노동과 직·간접적으로 연결될 수 있음을 명확히 인식하는 핵심 과정이기도 하다. 유럽연합 '기업 지속가능성 실사 지침'과 같은 의무적 인권 실사 제도가 확산되는 상황에서 이를 소홀히 하는 기업은 민사책임을 포함한 중대한 법적·재정적·평판적 위험에 직면할 수 있다.

2. 북한 노동자 고용 시 임금 보호 메커니즘을 시행할 것.

기업은 북한 관리자에게 노동자 집단의 임금을 일괄 지급하는 관행을 즉각 중단해야 한다. 대신, 앞서 본고에서 제안한 에스크로 계좌나 기타 독립적·추적 가능한 모니터링 시스템과 같은 임금 보호 메커니즘을 계약 조건으로 도입해, 임금이 개별 노동자에게 직접 전달되도록 보장해야 한다. 북한 당국의 임금 착취와 강제적 관행은 이미 충분히 입증된 사실인 만큼, 임금 보호를 보장하지 못하는 기업은 심각한 법적·재정적·평판적 위험에 직면할 수 있으며, 여기에는 미국 관세법 제307조 및 유럽연합 '강제노동 규정'에 따른 수입 금지 조치도 포함된다.[134]

3. 북한 노동자 고용 시 작업장을 관리·감독하고 노동환경 개선을 요구할 것.

북한 공급업체와 계약하는 기업은 특히 건설·조선·농업 등과 같은 고위험 분야에서 작업장을 정기적이고 독립적으로 모니터링하여 노동 및 안전 기준 준수 여부를 점검하고 강제노동 관행을 철저히 확인해야 한다. 인권침해가 드러날 경우, 기업은 북한 측 관리자에게 즉각적이고 구체적인 개선 조치를 요구해야 하며, 만약 이러한 요구가 거부되거나 방해될 경우 기업은 유엔 '기업과 인권 이행지침'과 국제적 책임 경영 규범에 따라 해당 계약관계에서 책임 있게 철수해야 한다.

4. 북한 노동자 고용 시 산업재해 보험을 보장할 것.

기업은 북한 노동자를 고용할 경우 산업재해 보험을 직접 제공해야 하며, 부득이하게 직접 제공이 어려울 경우에는 북한 측 관리자가 이를 반드시 보장하도록 계약 조건에 명시해야 한다. 특히 건설업과 같이 산업재해 발생 위험이 높은 분야에서, 적절한 의료 서비스조차 제공받지 못하는 북한 노동자에게 업무상 재해에 대한 보상을 보장하는 것은 필수적 조치이다.

---

134. United States. *Tariff Act of 1930*, Public Law No. 71-361, 46 Stat. 689, 17 June 1930;

European Union. *Regulation (EU) 2023/1115 of the European Parliament and of the Council of 31 May 2023 on Prohibiting Products Made with Forced Labour on the Union Market. Official Journal of the European Union.*

본 권고안들은 평화, 안보, 인권을 둘러싼 글로벌 거버넌스가 중대한 도전에 직면한 현시점에서 원칙에 기반한 관여를 위한 종합적 프레임워크를 제시한다. 북한과 러시아 간의 군사적 파트너십 심화와 제재 회피 전략은 북한 노동자에 대한 착취 구조와 초국가적 억압을 더욱 고착화할 위험을 안고 있다. 이에 본 보고서가 제안하는 프레임워크는 두 국가에 책임을 묻는 동시에, 구체적인 행동을 통해 국제 규범 준수 의지를 입증하도록 유인을 제공하는 경로를 제시한다. 그 핵심 전제는 노동자의 존엄을 보호하는 것과 세계 안보를 보장하는 것이 상호 보완적이며 함께 강화될 수 있는 목표라는 데 있다. 노동자의 권익을 실질적으로 강화함으로써 국제 사회는 그들의 노동을 착취해 이익을 얻는 권위주의 네트워크를 약화시키고, 러시아와 북한이 책임 있는 국제사회의 구성원으로서 인권 존중을 국제 참여의 핵심 원칙으로 받아들이도록 유도할 수 있다.

참고 문헌

다자간협의체에서 비롯된 조약, 법률, 문서

유럽 평의회
Council of Europe. *European Convention on Human Rights*. Adopted 4 November 1950 in Rome; entered into force 3 September 1953.

유럽연합
European Union. *Directive (EU) 2024/1760 of the European Parliament and of the Council of 13 June 2024 on Corporate Sustainability Due Diligence. Official Journal of the European Union*, 5 July 2024.

국제노동기구
International Labour Organization. *ILO Indicators of Forced Labour*. Geneva: International Labour Office, 1 October 2012.
—. *Forced Labour Convention, 1930 (No. 29)*. Adopted 28 June 1930.
—. *Weekly Rest (Industry) Convention, 1921 (No. 14)*. Adopted 17 November 1921.
—. *Forty-Hour Week Convention, 1935 (No. 47)*. Adopted 22 June 1935.
—. *Labour Inspection Convention, 1947 (No. 81)*. Adopted 11 July 1947.
—. *Freedom of Association and Protection of the Right to Organise Convention, 1948 (No. 87)*. Adopted 9 July 1948.
—. *Protection of Wages Convention, 1949 (No. 95)*. Adopted 1 July 1949.
—. *Right to Organise and Collective Bargaining Convention, 1949 (No. 98)*. Adopted 1 July 1949.
—. *Equal Remuneration Convention, 1951 (No. 100)*. Adopted 29 June 1951.
—. *Abolition of Forced Labour Convention, 1957 (No. 105)*. Adopted 25 June 1957.
—. *Weekly Rest (Commerce and Offices) Convention, 1957 (No. 106)*. Adopted 26 June 1957.
—. *Discrimination (Employment and Occupation) Convention, 1958 (No. 111)*. Adopted 25 June 1958.
—. *Tripartite Consultation (International Labour Standards) Convention, 1976 (No. 144)*. Adopted 21 June 1976.
—. *Occupational Safety and Health Convention, 1981 (No. 155)*. Adopted 22 June 1981.
—. *Promotional Framework for Occupational Safety and Health Convention, 2006 (No. 187)*. Adopted 15 June 2006.
—. *Protocol of 2014 to the Forced Labour Convention, 1930 (P029)*. Adopted 11 June 2014.

유엔

United Nations. *Charter of the United Nations.* Adopted 26 June 1945 in San Francisco; entered into force 24 October 1945.
—. *Universal Declaration of Human Rights.* Adopted 10 December 1948 (General Assembly Resolution 217 A (III)).
—. *Convention relating to the Status of Refugees.* Adopted 28 July 1951; entered into force 22 April 1954.
—. *Protocol Relating to the Status of Refugees.* Adopted 31 January 1967; entered into force 4 October 1967.
—. *Convention relating to the Status of Stateless Persons.* Adopted 28 September 1954; entered into force 6 June 1960.
—. *Convention on the Reduction of Statelessness.* Adopted 30 August 1961; entered into force 13 December 1975.
—. *Slavery Convention.* Adopted 25 September 1926 by the League of Nations; entered into force 9 March 1927.
—. *International Convention on the Elimination of All Forms of Racial Discrimination (ICERD).* Adopted 21 December 1965 by the General Assembly; entered into force 4 January 1969.
—. *International Covenant on Civil and Political Rights (ICCPR).* Adopted 16 December 1966 by the General Assembly (Resolution 2200A (XXI)); entered into force 23 March 1976.
—. *International Covenant on Economic, Social and Cultural Rights (ICESCR).* Adopted 16 December 1966 by the General Assembly (Resolution 2200A (XXI)); entered into force 3 January 1976.
—. *Convention against Torture and Other Cruel, Inhuman or Degrading Treatment or Punishment (UNCAT).* Adopted 10 December 1984 by the General Assembly; entered into force 26 June 1987.
—. *Protocol to Prevent, Suppress and Punish Trafficking in Persons, Especially Women and Children, Supplementing the United Nations Convention against Transnational Organized Crime.* Adopted 15 November 2000; entered into force 25 December 2003.
—. *Rome Statute of the International Criminal Court.* Adopted 17 July 1998; entered into force 1 July 2002.
—. *United Nations Convention against Corruption (UNCAC).* Adopted 31 October 2003 by the General Assembly; entered into force 14 December 2005.
—. *Vienna Convention on the Law of Treaties.* Adopted 23 May 1969; entered into force 27 January 1980.

유엔 보고서와 결의안

—. *Report of the International Law Commission on the Work of Its Seventy-Third Session (A/77/10).* 12 August 2022; published in *Yearbook of the International Law Commission, 2022, Vol. II, Part Two.*
—. *Report of the Detailed Findings of the Commission of Inquiry on Human Rights in the Democratic People's Republic of Korea.* 7 February 2014, A/HRC/25/CRP.1.
—. *Draft Articles on Responsibility of States for Internationally Wrongful Acts, with*

Commentaries. Adopted 2001; published in *Yearbook of the International Law Commission, 2001, Vol. II, Part Two.*
—. *Forced Labour by the Democratic People's Republic of Korea.* United Nations Office of the High Commissioner for Human Rights, July 2024.
—. *Resolution 2371 (2017).* Adopted 5 August 2017, S/RES/2371(2017).
—. *Resolution 2375 (2017).* Adopted 11 September 2017, S/RES/2375(2017).
—. *Resolution 2397 (2017).* Adopted 22 December 2017, S/RES/2397(2017).
—. *Final Report of the Panel of Experts Established Pursuant to Resolution 1874, Submitted Pursuant to Resolution 2680 (2023).* 7 March 2024, UN doc. S/2024/215.

국제법 판례

Barcelona Traction, Light and Power Company, Limited (Belgium v. Spain). International Court of Justice, Judgment of 5 February 1970, *ICJ Reports 1970.*
Questions relating to the Obligation to Prosecute or Extradite (Belgium v. Senegal). International Court of Justice, Judgment of 20 July 2012, *ICJ Reports 2012.*
Siliadin v. France. European Court of Human Rights, Judgment of 26 October 2005, Application no. 73316/01.
F.M. and Others v. Russia. European Court of Human Rights, Judgment of 10 December 2024, Applications nos. 71671/16 and 40190/18.

기타 법률 문서

러시아와 북한 간의 양자 협정
일방 국가 공민의 타방 국가 영역 내에서의 잠정적 노무 활동에 관한 협정. 2007년 8월 13일 러시아, 북한 서명.
불법 입국자 및 체류자 인도·인수에 관한 협정. 2016년 2월 2일 러시아, 북한 서명.
포괄적 전략 동반자 관계에 관한 조약. 2024년 6월 19일 러시아, 북한 서명.

러시아 국내법
Russian Federation. *Constitution of the Russian Federation.* Adopted 12 December 1993; entered into force 25 December 1993.
—. Federal Law No. 16-FZ. *On Amendments to the Federal Law "On the Legal Status of Foreign Citizens in the Russian Federation."* 6 February 2020.
—. Federal Law No. 63-FZ. *Criminal Code of the Russian Federation.* 13 June 1996.
—. Federal Law No. 109-FZ. *On Migration Registration of Foreign Citizens and Stateless Persons in the Russian Federation.* 18 July 2006.
—. Federal Law No. 110-FZ. *On Amendments to the Federal Law "On the Legal Status of Foreign Citizens in the Russian Federation."* 18 July 2006.
—. Federal Law No. 115-FZ. *On the Legal Status of Foreign Citizens in the Russian Federation.* 25 July 2002.
—. Federal Law No. 119-FZ. *On State Protection of Victims, Witnesses, and Other Participants in Criminal Proceedings.* 20 August 2004.
—. Federal Law No. 273-FZ. *On Counteracting Corruption.* 25 December 2008.

—. Federal Law No. 7-FKZ. *On Amendments to the Federal Constitutional Law "On the Constitutional Court of the Russian Federation."* 14 December 2015.
—. Presidential Decree No. 156. "About Enhancement of Public Administration in the Sphere of Control of Drug Trafficking, Psychotropic Substances and Their Precursors and in the Sphere of Migration." 5 April 2016.

북한 국내법
경제무역참사부와 경제협조단, 경제실무대표단의 대외경제사업규정. 2020년 7월 1일.

학술 논문 및 보고서

김유니크, "북한군의 러시아 파병과 인권 중심의 패러다임 전환," (NKDB 이슈브리프, 2024.12.23.), https://nkdb.org/notic/?bmode=view&idx=136176021
리창하, "사회주의기업책임관리제는 우리 식의 독특한 기업관리방법,"『철학과 경제 연구』, 제2호 (김일성종합대학 출판사, 2018).
박찬홍,『러시안 드림: 러시아 지역 북한 노동자의 근로와 인권 실태』(서울: 북한인권정보센터, 2016).
변외숙·허정필, "김정은 시기 북한군의 주요 활동 변화 연구: 비군사활동을 중심으로,"『국가보훈논총』, 제24권 제1호 (한국보훈학회, 2025).
북한인권정보센터는 북한 해외 노동자의 인권 침해 실태를 기록하며 관련 보고서 3편을 발표했다.『러시안드림: 러시아 지역 북한 노동자의 근로와 인권 실태』(2016),『북한 밖의 북한』(2016),『북한 해외 노동자 현황과 인권실태』(2015)가 있으며, 특히 첫 번째 보고서는 1970년대부터 2015년까지 러시아에서 근무한 북한 노동자의 실태를 상세히 다뤘다.
안경모, "'새로운 전략적 노선' 이후 북한의 국가전략: 균형전략으로의 재전환과 그 함의,"『한국정치연구』, 제32권 제1호 (서울대학교 한국정치연구소, 2023), p. 8.
이승원, "김정은 시대 북한의 군민관계 변화에 관한 연구: 조선인민군 사회적 역할의 변화양상과 특성을 중심으로," 북한대학원대학교 박사학위논문, 2022.
임수호,『북한 경제전략 변화의 정치동학』(서울: 국가안보전략연구원, 2021).
정영철, "북한 경제의 변화 시장, '돈주', 그리고 국가의 재등장,"『역사비평』, 제126호 (역사문제연구소, 2019), pp. 134-159.
Alessio Armenzoni, et al. "Brothers in Arms: Estimating North Korean Munitions Deliveries to Russia," Open Source Centre, April 15, 2025, https://www.opensourcecentre.org/research/brothers-in-arms
Igor Bezik, "Участие граждан КНДР в хозяйственном освоении советского Дальнего Востока (1950-е начало 1960-х гг.)," Известия Восточного Института, vol. 17, no. 1 (2011), p. 64.
Du Hyeogn Cha, "Implications of the DPRK-Russia 'Treaty on Comprehensive Strategic Partnership'," The Asan Institute for Policy Studies, October 8, 2024, https://en.asaninst.org/contents/implications-of-the-dprk-russia-treaty-on-comprehensive-strategic-partnership/.
Olga Chudinovskikh and Oxana Kharaeva. "Migration policy towards skilled labor in the Russian Federation." BRICS Journal of Economics, vol. 1, no. 2, 2020, pp. 83-84.
Isabelle Jefferies, "Russia's Constitutional Amendment from an International Law Perspective." Public International Law & Policy Group, 1 Mar. 2021, https://www.

publicinternationallawandpolicygroup.org/lawyering-justice-blog/2021/3/1/russias-constitutional-amendment-from-an-international-law-perspective

Kwang Jin Kim, "The Defector's Tale: Inside North Korea's Secret Economy," World Affairs, vol. 174, no. 3 (2011), pp. 71-80.

Andrei Lankov, "North Korean Labor Export to the USSR/Russia: Why the Project Has Survived Against All Odds," Russia in Global Affairs, vol. 18, no. 3 (2020), p. 157.

Andrei Lankov, "Северокорейские рабочие в России: критерии отбора и мотивация работников," Вестник Санкт-Петербургского университета. Международные отношения, vol. 13, no. 2 (2020), p. 207.

Tamara Troyakova, "Рабочая сила из КНДР на российском Дальнем Востоке: история и современное состояние," Ойкумена, no. 2 (2017), p. 82.

뉴스 기사

김대훈, "북한 노동당 39호실 '김정은 통치자금'총괄하는 곳," 『한경』, 2016.2.14., www.hankyung.com/article/2016021474691

문동희, "북, '김정은 비자금' 39호실 돈줄인 대흥총국 평양종합무역회사 인사 교체," 『데일리NK』, 2025.5.2., https://www.dailynk.com/20250502-1/

정철환, "[단독] '北에서 포로는 변절,한국 가고 싶다' 전장서 붙잡힌 북한군 인터뷰," 『조선일보』, 2025.2.20., https://www.chosun.com/international/international_general/2025/02/19/2BJNO4FH2RGNDHZZDGW2NSGUC4/

"경애하는 김정은동지께서 조선로동당 중앙위원회 2013년 3월 전원회의에서 하신 보고," 『로동신문』, 2013.4.2.

"김정은 동지의 지도 밑에 조선로동당 중앙위원회 제7기 제3차 전원회의 진행," 『조선중앙통신』, 2018.4.21.

"$263m a Year, 700,000 Tonnes of Rice, Space Tech: The Deal for North Korea Joining Russia's War." The Straits Times, 4 Nov. 2024, https://www.straitstimes.com/asia/east-asia/us200m-a-year-700000-tonnes-of-rice-space-tech-the-deal-for-north-korea-joining-russias-war

"Александр Новиков: северокорейские мигранты – идеальные работники." Аргументы Недели, 4 June 2025, https://argumenti.ru/society/2025/06/953388

Thom Balmforth, "Exclusive: Ukraine sees marked improvement in accuracy of Russia's North Korean missiles," Reuters, February 6, 2025, https://www.reuters.com/business/aerospace-defense/ukraine-sees-marked-improvement-accuracy-russias-north-korean-missiles-2025-02-06/

Samantha Beech, "China and Russia veto new UN sanctions on North Korea for first time since 2006," CNN, May 27, 2022, https://edition.cnn.com/2022/05/26/asia/us-north-korea-united-nations-intl-hnk

"Девелопер: количество строителей из Северной Кореи в России вырастет втрое." Недвижимость РИА Новости, 26 June 2025, https://realty.ria.ru/20250626/chislo-2025542009.html

Anna Fifield, "He ran North Korea's secret moneymaking operation. Now he lives in Virginia," The Washington Post, July 13, 2017, https://www.washingtonpost.com/

world/asia_pacific/he-ran-north-koreas-secret-money-making-operation-now-he-lives-in-virginia/2017/07/12/4cb9a590-6584-11e7-94ab-5b1f0ff459df_story.html

Jim Garamone, "Pentagon Says 10K North Korean Troops in Kursk Oblast," U.S. Department of Defense, November 4, 2024, https://www.defense.gov/News/News-Stories/Article/Article/3955757/pentagon-says-10k-north-korean-troops-in-kursk-oblast/

"General Assembly Overwhelmingly Adopts Resolution Demanding Russian Federation Immediately End Illegal Use of Force in Ukraine, Withdraw All Troops," United Nations Meetings Coverage and Press Releases, March 2, 2022, https://press.un.org/en/2022/ga12407.doc.htm

Michael Gordon, "Russia Blocks Extension of North Korea Sanctions Monitoring," The Wall Street Journal, March 28, 2024, https://www.wsj.com/world/russia/russia-blocks-extension-of-north-korea-sanctions-monitoring-51ada1f3

Joel Guinto and Jean Mackenzie, "N Korea confirms it sent troops to fight for Russia in Ukraine war," BBC, April 28, 2025, https://www.bbc.com/news/articles/ckg25wxvpy2o

Andrew Higgins, "North Koreans in Russia Work 'Basically in the Situation of Slaves'," The New York Times, July 11, 2017, https://www.nytimes.com/2017/07/11/world/europe/north-korea-russia-migrants.html

"Как нанять в России рабочих из Северной Кореи в 2025 году: пошаговая инструкция." Деловая Россия, 7 May 2025, https://www.business.ru/article/5541-kak-nanyat-v-rossii-rabochih-iz-severnoy-korei-v-2025-godu-poshagovaya-instruktsiya

Taejun Kang, "Russia pays North Korean soldiers about $2,000 a month: South's spy agency," Radio Free Asia, October 23, 2024, https://www.rfa.org/english/korea/2024/10/23/north-korea-troop-kursk/

Kosmos Khoroshavin and Dylan Carter, "Workers of the World: Modern-Day Slave Labor Is Being Imported from North Korea into Russia despite a UN Ban." The Insider, 20 June 2025, https://theins.ru/en/inv/282300

Jieun Kim, "North Korean authorities begin to distribute Russian flour rations." Radio Free Asia, November 20, 2024, https://www.rfa.org/english/korea/2024/11/20/north-korea-russian-flour-rations/

Tong-Hyung Kim, "A Timeline of the Complicated Relations between Russia and North Korea," The Associated Press, September 13, 2024, https://apnews.com/article/north-korea-russia-kim-jong-un-putin-timeline-336b51634fab28a34ec210a78866f4d9

Jeong-won Lim, "Video shows North Korean workers working in Russia in violation of UN sanctions." Korea JoongAng Daily, April 15, 2025, https://koreajoongangdaily.joins.com/news/2025-04-15/national/northKorea/Video-shows-North-Korean-laborers-working-in-Russia-in-violation-of-UN-sanctions/2285289

Matthew Luxmoore, Dasl Yoon, and Kate Vtorygina, "North Korean Leader Kim Jong Un's Latest Gift to Russia Is Migrant Workers," The Wall Street Journal, May 5, 2025, https://www.wsj.com/world/asia/kim-jong-uns-latest-gift-to-russia-is-migrant-workers-916693a4

Kelly Ng, "What we know about North Korean troops fighting Russia's war," BBC, December 24, 2024, https://www.bbc.com/news/articles/cm2796pdm1lo

"North Korea: UN imposes fresh sanctions over missile tests," BBC, December 23, 2017, https://www.bbc.com/news/world-asia-42459670

"N.Korea to send workers to Russian drone factory to gain expertise." NHK WORLD-JAPAN News, 19 June 2025, https://www3.nhk.or.jp/nhkworld/en/news/20250619_05/

"Ольга Кириллова: более 300 тысяч украинцев получили гражданство РФ с 2014 года." Интерфакс, 3 Oct. 2017, https://www.interfax.ru/interview/628692

Andrew Osborn, "Russia Says It Missed U.N. Deadline to Repatriate North Korean Workers." Reuters, 24 Jan. 2020, https://www.reuters.com/article/world/russia-says-it-missed-un-deadline-to-repatriate-north-korean-workers-idUSKBN1ZM2FC/

Adam Pourahmadi and Audry Jeong. "Zelensky offers to release captured North Korean soldiers in exchange for Ukrainian soldiers held in Russia," CNN, January 13, 2025, https://edition.cnn.com/2025/01/12/europe/north-korean-soldiers-interrogation-video-ukraine-intl-latam

"В России ищут переводчиков с северокорейского для работы в МГИМО и на стройках." Daily Storm, 3 July 2025, https://dailystorm.ru/obschestvo/v-rossii-ishchut-perevodchikov-s-severokoreyskogo-dlya-raboty-v-mgimo-i-na-stroykah

"Russia Ceases to Be Party to the European Convention on Human Rights." Council of Europe, 16 Sept. 2022, <www.coe.int/en/web/portal/-/russia-ceases-to-be-party-to-the-european-convention-on-human-rights>

Anton Troianovski, "North Korea Will Send 5,000 Workers to Russia, Kremlin Says," The New York Times, June 17, 2025, https://www.nytimes.com/2025/06/17/world/europe/north-korea-workers-russia.html

U.S. Department of the Treasury, "Treasury Sanctions Perpetrators of Serious Human Rights Abuse on International Human Rights Day." December 1, 2021.

Katharine Viner, "Ukraine war briefing: North Korea ratifies landmark mutual defence pact with Russia," The Guardian, November 12, 2024, https://www.theguardian.com/world/2024/nov/12/ukraine-war-briefing-north-korea-ratifies-landmark-mutual-defence-pact-with-russia

부록

부록 1. 포괄적 전략 동반자 관계에 관한 조약

조선민주주의인민공화국과 로씨야련방(이아래부터 《쌍방》이라고 함.)은 력사적으로 형성된 조로친선과 협조의 전통을 보존하고 미래지향적인 새시대 국가간관계를 구축하려는 공동의 지향과 념원으로부터 출발하여 두 나라 인민들의 부흥과 복리를 도모하면서,

쌍방사이의 포괄적인 전략적동반자관계를 발전시키는것이 두 나라 인민들의 근본리익에 부합되며 평화와 지역 및 세계의 안전과 안정을 보장하는데 기여하게 되리라는것을 확신하면서,

유엔헌장의 목적과 원칙 그리고 기타 공인된 국제법의 원칙과 규범에 충실할것이라는것을 확인하면서,

패권주의적기도와 일극세계질서를 강요하려는 책동으로부터 국제적정의를 수호하며 국가들사이의 성실한 협조,호상리익존중,국제문제들의 집체적해결,문화 및 문명의 다양성,국제관계에서의 국제법우위에 기초한 다극화된 국제적인 체계를 수립하며 공동의 노력으로 인류의 존재를 위협하는 임의의 도전들에 대처해나가려는 지향을 확인하면서,

동지적이고 친선적인 쌍무관계를 공고히 하고 모든 분야에서의 협조를 확대강화함으로써 조로관계를 지역과 세계의 평화와 번영을 추동하는 공고한 수준에로 끌어올리는것을 지향하면서 다음과 같이 합의하였다.

제 1 조

쌍방은 자기 국가들의 법과 국제적의무를 고려하면서 국가주권에 대한 호상존중과 령토의 불가침, 내정불간섭, 평등의 원칙 그리고 국가들사이의 친선관계 및 협조와 관련한 기타 국제법적원칙들에 기초한 포괄적인 전략적동반자관계를 항구적으로 유지하고 발전시킨다.

제 2 조

쌍방은 최고위급회담을 비롯한 대화와 협상을 통하여 쌍무관계문제와 호상 관심사로 되는 국제문제들에 대한 의견을 교환하며 국제무대들에서 공동보조와 협력을 강화한다.

쌍방은 전지구적인 전략적안정과 공정하고 평등한 새로운 국제질서수립을 지향하며 호상 긴밀한 의사소통을 유지하고 전략전술적협동을 강화한다.

제 3 조

쌍방은 공고한 지역적 및 국제적평화와 안전을 보장하기 위하여 호상 협력한다.

쌍방중 어느 일방에 대한 무력침략행위가 감행될수 있는 직접적인 위협이 조성되는 경우 쌍방은 어느 일방의 요구에 따라 서로의 입장을 조률하며 조성된 위협을 제거하는데 협조를 호상 제공하기 위한 가능한 실천적조치들을 합의할 목적으로 쌍무협상통로를 지체없이 가동시킨다.

제 4 조

쌍방중 어느 일방이 개별적인 국가 또는 여러 국가들로부터 무력침공을 받아 전쟁상태에 처하게 되는 경우 타방은 유엔헌장 제51조와 조선민주주의인민공화국과 로씨야련방의 법에 준하여 지체없이 자기가 보유하고있는 모든 수단으로 군사적 및 기타 원조를 제공한다.

제 5 조

매 일방은 타방의 자주권과 안전, 영토의 불가침,정치,사회,경제,문화제도를 자유롭게 선택하고 발전시킬수 있는 권리와 타방의 기타 핵심리익을 침해하는 협정을 제3국과 체결하지 않으며 그러한 행동들에 참가하지 않을 의무를 지닌다.

쌍방은 제3국이 타방의 자주권과 안전,령토의 불가침을 침해할 목적으로 자기 령토를 리용하는것을 허용하지 않는다.

제 6 조

쌍방은 국가주권을 수호하고 안전과 안정을 보장하며 발전권을 옹호하기 위한 평화애호정책과 조치들을 호상 지지하며 정의롭고 다극화된 새로운 세계질서를 수립하는데로 지향된 이러한 정책을 실현하는데서 적극 협력한다.

제 7 조

쌍방은 국제평화와 안전을 유지하려는 목적으로부터 출발하여 유엔과 그 전문기관들을 비롯한 국제기구들의 테두리내에서 쌍방의 공동의 이익과 안전에 대한 직접적 또는 간접적인 도전으로 될수 있는 세계와 지역의 발전문제들에서 호상 협의하고 협조한다.

쌍방은 호상성에 기초하여 매 일방이 해당한 국제 및 지역기구들에 가입하는것을 협조하며 지지한다.

제 8 조

쌍방은 전쟁을 방지하고 지역적 및 국제적평화와 안전을 보장하기 위한 방위능력을 강화할 목적밑에 공동조치들을 취하기 위한 제도들을 마련한다.

제 9 조

쌍방은 식량 및 에네르기안전,정보통신기술분야에서의 안전,기후변화,보건,공급망 등 전략적의의를 가지는 분야들에서 증대되고있는 도전과 위협들에 공동으로 대처하기 위하여 호상 협력한다.

제 10 조

쌍방은 무역경제,투자,과학기술분야들에서의 협조의 확대발전을 추동한다.

쌍방은 호상무역량을 늘이기 위하여 노력하며 세관,재정금융 등 분야들에서의 경제협조에 유리한 조건을 마련하며 1996년 11월 28일에 채택된 조선민주주의인민공화국정부와 로씨야련방정부사이의 투자장려 및 호상보호에 관한 협정에 따라 호상투자를 장려하고 보호한다.

쌍방은 조선민주주의인민공화국과 로씨야련방의 특별 또는 자유경제지대들과 이러한 지대들에 관여된 단체들에 협조를 제공한다.

쌍방은 우주,생물,평화적원자력,인공지능,정보기술 등 여러 분야들을 포함하여 과학기술분야에서 교류와 협조를 발전시키며 공동연구를 적극 장려한다.

제 11 조

쌍방은 종합적인 쌍무관계확대에서 가지는 특별한 중요성으로부터 출발하여 호상관심사로 되는 분야들에서의 지역간 및 변강협조발전을 지지한다.

쌍방은 조선민주주의인민공화국과 로씨야련방의 지역들사이의 직접적인 련계수립에 유리한 조건을 마련하며 기업연단,토론회,전시회,상품전람회를 비롯한 지역간 공동행사들을 진행하는 방법 등으로 지역들의 경제 및 투자잠재력에 대한 호상료해를 촉진한다.

제 12 조

쌍방은 농업,교육,보건,체육,문화,관광 등 분야에서의 교류와 협조를 강화하며 환경보호,자연재해방지 및 후과제거분야에서 호상 협력한다.

제 13 조

쌍방은 조선민주주의인민공화국과 로씨야련방사이에 규격과 실험기록부,합격품질증명서의 호상인정,규격의 직접적인 적용,측정의 통일성보장을 위한 분야에서 얻은 경험과 최신성과의 교류,전문가양성,실험결과인정분야에서의 협력을 발전시킨다.

제 14 조

매 일방은 자기 령토에 있는 타방의 법인들과 공민들의 합법적권리와 리익을 보호한다.

쌍방은 민사 및 형사사건들에 대한 법률상방조를 제공하는 문제,자유박탈형을 언도받은자들을 인도 및 이관하는 문제 그리고 범죄적방법으로 획득한 자산반환분야에서의 합의를 리행하는 문제들에서 협조한다.

제 15 조

쌍방은 두 나라의 립법,집행 및 법보호기관들사이의 접촉을 심화시키며 법제정 및 적용분야와 기타 호상 관심사로 되는 문제들과 관련한 경험과 의견교환을 진행한다.

제 16 조

쌍방은 치외법권적인 성격을 띠는 조치를 비롯하여 일방적인 강제조치들의 적용을 반대하며 그러한 조치들의 실행을 비법적이고 유엔헌장과 국제법적규범에 저촉되는 행위로 간주한다. 쌍방은 국제관계에서 이러한 조치들의 적용실천을 배제하기 위한 다무적발기를 지지하기 위해 노력을 조률하며 호상 협력한다.

쌍방은 직접 또는 간접적으로 타방을 겨냥하고 타방의 자연인과 법인 혹은 타방의 사법관할하에 있는 그들의 소유를 침해하며 일방으로부터 타방으로 향한 상품과 작업,봉사,정보,지적활동의 결과물 그리고 이에 대한 독점권을 침해하는 일방적인 강제조치들을 적용하지 않는다는것을 담보한다.

쌍방은 직접 또는 간접적으로 타방을 겨냥하고 타방의 자연인과 법인 혹은 제3국의 사법관할하에 있는 타방의 소유를 침해하며 일방으로부터 타방으로 향한 상품과 타방의 납입자들이 제공하는 작업,봉사,정보,지적활동의 결과물 그리고 이에 대한 독점권을 침해하는 임의의 제3국의 일방적인 강제조치들에 합세하거나 그러한 조치들을 지지하는것을 삼가한다.

일방을 반대하여 임의의 제3국이 일방적인 강제조치들을 적용하는 경우 쌍방은 위험을 감소시키고 이러한 조치들이 호상경제적련계,쌍방의 자연인과 법인 혹은 쌍방의 사법관할하에 있는 그들의 소유,일방으로부터 타방으로 향한 상품과 쌍방의 납입자들이 제공하는 작업,봉사,정보,지적활동의 결과물 그리고 이에 대한 독점권에 미치는 직접 또는 간접적인 영향을 제거하거나 최소화하기 위한 실천적인 노력을 기울인다. 쌍방은 또한 제3국이 이와 같은 조치들을 적용하고 강화하는데 리용할수 있는 정보의 류포를 제한하기 위한 조치들을 취한다.

제 17 조

쌍방은 국제테로와 극단주의, 다국적조직범죄, 인신매매, 인질억류, 불법이주, 비법자금류통, 범죄적방법으로 획득한 수입의 합법화(세척), 테로자금지원, 대량살륙무기전파에 대한 자금지원, 민용항공 및 해상항행의 안전에 위협을 조성하는 위법행위들, 상품과 자금, 자금수단, 마약 및 정신부활제와 그 원료, 무기, 문화 및 력사유물의 비법류통과 같은 도전과 위협들과의 투쟁에서 호상 협력한다.

제 18 조

쌍방은 국제정보안전분야에서 호상 협력하며 해당한 법률규범적토대를 발전시키고 기관들사이의 대화를 심화시키는 방법 등으로 쌍무협조강화를 지향한다.

쌍방은 종합적이고 법적구속력을 가지는 문건들을 작성하는 방법 등으로 국제정보안전보장체계의 형성을 추동한다.

쌍방은 《인터네트》정보통신망관리에서 국가들의 평등한 권리를 주장하며 정보통신기술을 주권국가들의 존엄과 영상에 먹칠하고 주권적권리를 침해하는데 악용하는것을 반대하며 전지구적인 망의 국가별 구성부분들의 조정과 안전보장에 대한 주권적권리를 구속하려는 임의의 시도들을 용납할수 없는것으로 간주한다.

쌍방은 정보통신기술의 리용과 련관된 범죄 및 기타 위법행위들에 대한 경고, 적발, 차단, 조사에 필요한 정보들의 교환을 포함하여 정보통신기술을 범죄적목적에 리용하는것을 반대하는 분야에서의 협조를 확대한다.

쌍방은 국제기구와 기타 협상무대들의 테두리내에서 행동을 조정하고 공동으로 발기들을 추진하며 수자발전분야에서 협조하고 쌍방의 권한있는 기관들사이의 호상협동에 필요한 정보를 교환하고 조건을 마련한다.

제 19 조

쌍방은 공보 및 출판활동분야에서 협조한다.

쌍방은 자기 국가들에서 조선문학과 로씨야문학의 보급을 장려하고 로씨야련방에서의 조선어연구와 조선민주주의인민공화국에서의 로어연구를 추동하며 조선민주주의인민공화국과 로씨야련방 인민들사이의 호상료해와 교제를 촉진한다.

제 20 조

쌍방은 두 나라 인민들의 생활에 대한 지식수준을 높이고 국제언론공간에서 조선민주주의인민공화국과 로씨야련방 그리고 두 나라사이의 쌍무협조에 대한 객관적인 정보를 전파하며 두 나라 대중보도수단들사이의 호상협조에 유리한 조건을 계속 마련하고 허위정보와 도발적인 정보활동에 대처하는데서 공동보조를 강화하기 위하여 언론분야에서의 폭넓은 협조를 추동한다.

제 21 조

쌍방은 이 조약의 리행을 위한 부문별협정 그리고 이 조약에서 규제하지 않은 기타 분야들과 관련한 협정들을 체결하고 리행하는데서 적극 협력한다.

제 22 조

이 조약은 비준을 받아야 하며 비준서가 교환된 날부터 효력을 가진다.

이 조약이 효력을 발생하는 날부터 2000년 2월 9일에 채택된 《조선민주주의인민공화국과 로씨야련방사이의 친선,선린 및 협조에 관한 조약》은 효력을 상실한다.

제 23 조

이 조약은 무기한 효력을 가진다.

쌍방중 어느 일방이 이 조약의 효력을 중지하려는 경우 이에 대해 타방에게 서면으로 통지하여야 한다. 조약의 효력은 타방이 서면통지를 받은 날로부터 1년후에 중지된다.

이 조약은 2024년 6월 19일 평양에서 체결되고 조선어와 로어로 각각 2부씩 작성되였으며 두 원문은 동등한 효력을 가진다.

조선민주주의인민공화국을 대표하여

로씨야련방을 대표하여

출처: 연합뉴스, https://www.yna.co.kr/view/AKR20240620114000504

부록 2A. 일방 국가 공민의 타방 국가 영역 내에서의 잠정적 노무 활동에 관한 협정(러시아어 원본)

Контрагент: КНДР

Дата подписания: 31.08.2007

Дата вступления в силу: 29.12.2009

Действие: ДЕЙСТВУЕТ

Соглашение
между Правительством Российской Федерации и
Правительством Корейской Народно-Демократической
Республики о временной трудовой деятельности граждан одного
государства на территории другого государства

Правительство Российской Федерации и Правительство Корейской Народно-Демократической Республики, далее именуемые Сторонами,

руководствуясь духом и принципами, закрепленными в Договоре о дружбе, добрососедстве и сотрудничестве между Российской Федерацией и Корейской Народно-Демократической Республикой от 9 февраля 2000 года, исходя из стремления к развитию двустороннего экономического сотрудничества, желая обеспечить благоприятные условия для временной трудовой деятельности граждан одного государства на территории другого государства,

согласились о нижеследующем:

Статья 1

Действие настоящего Соглашения распространяется на граждан Российской Федерации и граждан Корейской Народно-Демократической Республики (далее - работники), постоянно проживающих соответственно в Российской Федерации и в Корейской Народно-Демократической Республике (далее - государства постоянного проживания), которые на законном основании въехали на территорию государства другой Стороны (далее - принимающее государство) с целью осуществления временной трудовой деятельности в соответствии с договорами о выполнении работ или об оказании услуг (далее - договоры), заключенными между физическими или юридическими лицами принимающего государства (далее - заказчики) и юридическими лицами государства постоянного проживания, далее именуемыми исполнителями работ (подрядчиками), в порядке, установленном законодательством государства постоянного проживания.

Статья 2

1. Органами Сторон, ответственными за реализацию настоящего Соглашения (далее - компетентные органы), являются:

с Российской Стороны - Федеральная миграционная служба и Министерство здравоохранения и социального развития Российской Федерации;

с Корейской Стороны – Министерство внешней торговли Корейской Народно-Демократической Республики.

Стороны незамедлительно уведомляют друг друга по дипломатическим каналам об изменении своих компетентных органов.

2. Компетентные органы образуют совместную рабочую группу для решения вопросов, связанных с реализацией настоящего Соглашения.

По мере необходимости совместная рабочая группа проводит заседания поочередно в Российской Федерации и Корейской Народно-Демократической Республике.

Регламент работы совместной рабочей группы и положение о ней утверждаются компетентными органами.

3. Компетентные органы обмениваются информацией об изменениях в законодательстве, связанном с привлечением и использованием иностранной рабочей силы в Российской Федерации и Корейской Народно-Демократической Республике.

Статья 3

Работники должны быть не моложе 18 лет и иметь соответствующий медицинский сертификат об отсутствии у них заболеваний наркоманией и инфекционных заболеваний, представляющих опасность для окружающих, а также об отсутствии у них заболевания, вызываемого вирусом иммунодефицита человека (ВИЧ-инфекции).

Статья 4

1. Трудовая деятельность работника осуществляется в соответствии с законодательством принимающего государства.

2. Работники могут заниматься трудовой деятельностью в принимающем государстве при наличии разрешения на работу, выдаваемого в соответствии с законодательством принимающего государства.

Статья 5

1. Въезд, выезд, пребывание и режим передвижения работников по территории принимающего государства регулируются законодательством этого государства и международными договорами, участниками которых являются Стороны.

2. Компетентные органы предпринимают возможные меры для ускорения выполнения процедур, связанных с оформлением документов, необходимых для осуществления трудовой деятельности работников в принимающем государстве.

3. В случае если одна из Сторон будет вынуждена ввести ограничение численности работников государства другой Стороны, компетентные органы этой Стороны заблаговременно информируют об этом компетентные органы другой Стороны.

Статья 6

Оплата и другие условия труда работников регулируются договорами, заключаемыми этими работниками и исполнителями работ (подрядчиками).

Условия труда работников не должны быть менее благоприятными, чем те, которые предусмотрены для граждан принимающего государства, выполняющих аналогичную работу у того же заказчика.

Статья 7

Работники имеют право на освобождение от работы в дни официальных праздников государства постоянного проживания. Положения, регулирующие вопросы освобождения от работы в эти дни, должны содержаться в договоре, заключаемом заказчиком и исполнителем работ (подрядчиком).

Статья 8

1. Социальное и медицинское страхование работников, а также возмещение вреда, причиненного работникам в результате несчастного случая на производстве, профессионального заболевания или иного ухудшения здоровья, возникшего при исполнении ими своих трудовых обязанностей во время работы в принимающем государстве, осуществляются исполнителями работ (подрядчиками) и соответствующими органами государства постоянного проживания и регулируются законодательством государства их постоянного проживания, если отдельным международным договором между Сторонами не предусмотрено иное.

2. Пенсионное обеспечение работников осуществляется в соответствии с законодательством государства их постоянного проживания.

Статья 9

1. Положения договоров, относящиеся к медицинскому обслуживанию работников, не должны ограничивать их права в области охраны здоровья, установленные законодательством принимающего государства.

2. Работники имеют право на получение скорой (неотложной) медицинской помощи при внезапных острых состояниях и заболеваниях, угрожающих жизни больного или здоровью окружающих, несчастных случаях, отравлениях, травмах, родах и неотложных состояниях в период беременности. Данный вид медицинской помощи предоставляется работнику беспрепятственно, бесплатно и в необходимом объеме в лечебно-профилактических учреждениях принимающего государства.

Другие виды медицинской помощи оказываются работникам в соответствии с законодательством принимающего государства и международными договорами между Сторонами, а также за счет работников и средств исполнителя работ (подрядчика), если это предусмотрено договором.

Статья 10

1. В случае смерти работника исполнитель работ (подрядчик) при содействии заказчика организует и оплачивает перевозку тела (останков) умершего в государство постоянного проживания и несет все расходы, связанные с провозом, пересылкой и переводом его имущества и выплатой компенсации в соответствии с законодательством государства постоянного проживания.

Заказчик незамедлительно (в течение трех дней) уведомляет о смерти работника дипломатическое представительство или консульское учреждение государства постоянного проживания в принимающем государстве и компетентные органы по месту регистрации работника и предоставляет документ, подтверждающий смерть.

2. В случае если смерть работника наступила по вине заказчика, заказчик несет ответственность в соответствии с законодательством принимающего государства, а также оплачивает все расходы, связанные с перевозкой тела умершего и его имущества из принимающего государства в государство постоянного проживания.

Статья 11

Работники могут приобретать иностранную валюту на внутреннем валютном рынке принимающего государства, а также переводить и перевозить с собой заработанные средства в иностранной валюте в государство постоянного проживания в соответствии с законодательством принимающего государства.

Статья 12

Налогообложение доходов работников в период пребывания в принимающем государстве регулируется Соглашением между Правительством Российской Федерации и Правительством Корейской Народно-Демократической Республики об избежании двойного налогообложения в отношении налогов на доходы и капитал от 26 сентября 1997 г.

Статья 13

Работникам в принимающем государстве гарантируются права, свободы, правовая защита и личная безопасность, установленные законодательством принимающего государства для иностранных граждан и соответствующими международными договорами между Сторонами.

Работники во время пребывания в принимающем государстве должны соблюдать его законодательство, в том числе касающееся правил пребывания иностранных граждан.

Статья 14

Ввоз на территорию принимающего государства и вывоз с его территории работниками товаров, включая личное имущество, осуществляются в соответствии с законодательством принимающего государства, если договорами между Российской Федерацией и Корейской Народно-Демократической Республикой не установлено иное.

Статья 15

1. Работник обязан покинуть принимающее государство по истечении срока действия визы, если на момент истечения срока действия визы им не получено разрешение на ее продление.

В случае возникновения объективных причин, препятствующих своевременному выезду работника из принимающего государства по истечении разрешенного периода пребывания (например, тяжелая болезнь работника, смерть близкого родственника в принимающем государстве), он обязан покинуть принимающее государство незамедлительно после принятия обусловленных сложившимися обстоятельствами мер.

2. В случае уклонения работника от выезда из принимающего государства по истечении разрешенного периода пребывания и при отсутствии объективных причин он подлежит ответственности в соответствии с законодательством принимающего государства.

Статья 16

Споры относительно толкования и применения положений настоящего Соглашения решаются путем консультаций между компетентными органами.

Статья 17

Вопросы, связанные с реализацией настоящего Соглашения, регулируются отдельным соглашением (протоколом), заключаемым между компетентными органами.

Статья 18

1. Настоящее Соглашение вступает в силу с даты получения последнего письменного уведомления о выполнении Сторонами внутригосударственных процедур, необходимых для его вступления в силу, и действует в течение 5 лет, по истечении которых автоматически продлевается на последующие годичные периоды до тех пор, пока одна из Сторон не менее чем за 6 месяцев до истечения очередного годичного периода не уведомит в письменной форме по дипломатическим каналам другую Сторону о своем намерении прекратить его действие.

2. Изменения, вносимые в настоящее Соглашение по взаимному согласию Сторон, оформляются протоколами к нему, которые вступают в силу в порядке, предусмотренном пунктом 1 настоящей статьи.

3. В случае прекращения действия настоящего Соглашения разрешения на работу, выданные в период его действия, остаются в силе до истечения указанного в них срока. Прекращение действия настоящего Соглашения не затрагивает реализацию договоров о выполнении работ или об оказании услуг, заключенных до прекращения его действия.

Совершено в г. Москве «31» августа 2007 года (Чучхе 96 года) в двух экземплярах, каждый на русском и корейском языках, причем оба текста имеют одинаковую силу.

За Правительство Российской Федерации

За Правительство Корейской Народно-Демократической Республики

출처: ConsultantPlus, *Document No. LAW 94253*, https://www.consultant.ru/document/cons_doc_LAW_94253/

부록 2B. 일방 국가 공민의 타방 국가 영역 내에서의 잠정적 노무 활동에 관한 협정(한국어 번역본)

체약 상대국: 조선민주주의인민공화국

서명일: 2007.08.31

발효일: 2009.12.29

효력: 현행

협 정
러시아 연방 정부와 조선민주주의인민공화국 정부 간의
일방 국가 공민의 타방 국가 영역 내에서의 임시 근로 활동에 관한 협정

러시아 연방 정부와 조선민주주의인민공화국 정부(이하 '당사국'이라 한다)는,

2000년 2월 9일 자 러시아 연방과 조선민주주의인민공화국 간의 친선, 선린 및 협조에 관한 조약에 명시된 정신과 원칙에 따라,

양자 간 경제 협력 발전에 대한 염원에서 출발하여, 일방 국가 공민이 타방 국가 영역 내에서 임시 근로 활동을 수행하기 위한 유리한 조건을 보장하기를 희망하며,

다음과 같이 합의하였다:

제1조

이 협정은 러시아 연방과 조선민주주의인민공화국(이하 '상주국'이라 한다)에 각각 상시 거주하는 러시아 연방 공민과 조선민주주의인민공화국 공민(이하 '근로자'라 한다)에게 적용된다. 이들은 타방 당사국 국가(이하 '접수국'이라 한다)의 법인 또는 개인(이하 '발주자'라 한다)과 상주국의 법인(이하 '작업 수행자(계약자)'라 칭한다) 간에 상주국의 법률이 정한 절차에 따라 체결된 작업 수행 또는 용역 제공에 관한 계약(이하 '계약'이라 한다)에 의거하여 임시 근로 활동을 수행할 목적으로 접수국 영역에 합법적으로 입국한 자여야 한다.

제2조

이 협정의 이행을 책임지는 당사국의 기관(이하 '권한 있는 기관'이라 한다)은 다음과 같다:

러시아 측: 연방이민국 및 보건사회개발부

조선 측: 조선민주주의인민공화국 무역성

당사국은 자국의 권한 있는 기관이 변경될 경우 외교 경로를 통해 즉시 상호 통지한다.

권한 있는 기관은 이 협정의 이행과 관련된 문제 해결을 위해 공동 실무 그룹을 구성한다.

공동 실무 그룹은 필요에 따라 러시아 연방과 조선민주주의인민공화국에서 교대로 회의를 개최한다.

공동 실무 그룹의 운영 규정과 관련 규정은 권한 있는 기관이 승인한다.

권한 있는 기관은 러시아 연방과 조선민주주의인민공화국 내 외국인 노동력의 유치 및 활용과 관련된 법률 변경에 관한 정보를 교환한다.

제3조

근로자는 만 18세 이상이어야 하며, 약물 중독 및 주변인에게 위험을 초래하는 전염성 질병이 없음을 증명하는 해당 의료 증명서와 인간면역결핍바이러스(HIV) 감염증에 걸리지 않았음을 증명하는 증명서를 소지해야 한다.

제4조

근로자의 근로 활동은 접수국의 법률에 따라 수행된다.

근로자는 접수국의 법률에 따라 발급된 근로 허가를 소지한 경우에만 접수국에서 근로 활동에 종사할 수 있다.

제5조

근로자의 접수국 영역 내 입국, 출국, 체류 및 이동 체제는 해당 국가의 법률 및 당사국이 참여하는 국제 조약에 의해 규제된다.

권한 있는 기관은 접수국에서 근로자의 근로 활동 수행에 필요한 서류 발급 관련 절차를 신속히 처리하기 위해 가능한 조치를 취한다.

일방 당사국이 타방 당사국 국가의 근로자 수를 제한해야 할 경우, 해당 당사국의 권한 있는 기관은 타방 당사국의 권한 있는 기관에 이를 사전에 통보한다.

제6조

근로자의 보수 및 기타 근로 조건은 해당 근로자와 작업 수행자(계약자)가 체결하는 계약에 의해 규제된다.

근로자의 근로 조건은 동일한 발주자에게서 유사한 업무를 수행하는 접수국 국민에게 규정된 조건보다 불리해서는 아니 된다.

제7조

근로자는 상주국의 공휴일에 업무에서 면제될 권리를 가진다. 이 날의 업무 면제에 관한 규정은 발주자와 작업 수행자(계약자)가 체결하는 계약에 포함되어야 한다.

제8조

근로자의 사회 및 의료 보험, 그리고 접수국에서 근무 중 업무상 의무를 이행하는 과정에서 발생한 산업 재해, 직업병 또는 기타 건강 악화로 인해 근로자에게 발생한 손해의 배상은, 당사국 간 별도의 국제 조약으로 달리 정하지 않는 한, 작업 수행자(계약자)와 상주국의 관련 기관이 수행하며 상주국의 법률에 따라 규제된다.

근로자의 연금 보장은 상주국의 법률에 따라 수행된다.

<h3 style="text-align:center">제9조</h3>

근로자의 의료 서비스와 관련된 계약 조항은 접수국의 법률이 정한 건강 보호 분야에서의 근로자의 권리를 제한해서는 아니 된다.

근로자는 환자의 생명이나 주변인의 건강을 위협하는 급작스러운 위급 상태 및 질병, 사고, 중독, 외상, 출산 및 임신 중 위급 상태 시 응급 의료 지원을 받을 권리가 있다. 이러한 종류의 의료 지원은 접수국의 예방 치료 기관에서 근로자에게 아무런 제약 없이 무료로 필요한 범위 내에서 제공된다.

기타 종류의 의료 지원은 접-수국의 법률 및 당사국 간 국제 조약에 따라, 그리고 계약에 명시된 경우 근로자 및 작업 수행자(계약자)의 비용으로 제공된다.

<h3 style="text-align:center">제10조</h3>

근로자가 사망한 경우, 작업 수행자(계약자)는 발주자의 협조하에 사망자의 시신(유해)을 상주국으로 운송하는 절차를 조직하고 그 비용을 부담하며, 상주국의 법률에 따라 고인의 재산 운송, 송부, 이전 및 보상금 지급과 관련된 모든 비용을 부담한다.

발주자는 근로자 사망 사실을 (3일 이내에) 즉시 접수국에 주재하는 상주국의 외교 공관 또는 영사 기관 및 근로자 등록지 관할 기관에 통지하고, 사망을 증명하는 서류를 제공한다.

근로자의 사망이 발주자의 과실로 발생한 경우, 발주자는 접수국의 법률에 따라 책임을 지며, 사망자의 시신과 재산을 접수국에서 상주국으로 운송하는 데 관련된 모든 비용을 부담한다.

<h3 style="text-align:center">제11조</h3>

근로자는 접수국의 법률에 따라 접수국의 국내 외환 시장에서 외화를 매입할 수 있으며, 벌어들인 외화 자금을 상주국으로 송금하거나 휴대하여 운송할 수 있다.

제12조

접수국 체류 기간 동안 근로자 소득에 대한 과세는 1997년 9월 26일 자 러시아 연방 정부와 조선민주주의인민공화국 정부 간의 소득 및 자본에 대한 조세의 이중과세 회피에 관한 협정에 의해 규제된다.

제13조

접수국 내 근로자에게는 외국인에 대해 접수국의 법률 및 당사국 간 관련 국제 조약이 정한 권리, 자유, 법적 보호 및 개인의 안전이 보장된다.

근로자는 접수국에 체류하는 동안 외국인 체류 규칙을 포함한 해당 국가의 법률을 준수해야 한다.

제14조

러시아 연방과 조선민주주의인민공화국 간의 조약으로 달리 정하지 않는 한, 근로자에 의한 개인 재산을 포함한 물품의 접수국 영역으로의 반입 및 반출은 접수국의 법률에 따라 수행된다.

제15조

근로자는 비자 유효 기간 만료 시점에 연장 허가를 받지 못한 경우, 비자 유효 기간 만료 시 접수국을 떠나야 한다.

허가된 체류 기간 만료 후 근로자의 적시 출국을 방해하는 객관적인 사유(예: 근로자의 중병, 접수국 내 직계 가족의 사망 등)가 발생한 경우, 그는 해당 상황에 따른 조치가 취해진 후 즉시 접수국을 떠나야 한다.

근로자가 허가된 체류 기간 만료 후 객관적인 사유 없이 접수국에서 출국을 기피하는 경우, 그는 접수국의 법률에 따라 책임을 진다.

제16조

이 협정 조항의 해석 및 적용에 관한 분쟁은 권한 있는 기관 간의 협의를 통하여 해결한다.

제17조

이 협정의 이행과 관련된 문제들은 권한 있는 기관 간에 체결되는 별도의 합의(의정서)로 규제된다.

제18조

이 협정은 발효에 필요한 국내 절차를 당사국이 완료하였음을 알리는 마지막 서면 통지 접수일로부터 효력을 발생하며, 5년간 유효하다. 이 기간 만료 후, 일방 당사국이 차기 연간 기간 만료 최소 6개월 전까지 외교 경로를 통해 타방 당사국에 협정 종료 의사를 서면으로 통지하지 않는 한, 후속 연간 기간 동안 자동으로 연장된다.

당사국 간 상호 합의에 의해 이 협정에 가해지는 변경은 의정서 형식으로 작성되며, 이는 이 조 제1항에 규정된 절차에 따라 효력을 발생한다.

이 협정의 효력이 종료되는 경우에도, 효력 기간 중에 발급된 근로 허가는 명시된 기간이 만료될 때까지 유효하다. 이 협정의 효력 종료는 효력 종료 이전에 체결된 작업 수행 또는 용역 제공 계약의 이행에 영향을 미치지 아니한다.

2007년(주체96년) 8월 31일 모스크바에서 러시아어와 조선어로 각 2부씩 작성하였으며, 두 원본은 동등한 효력을 가진다.

러시아 연방 정부를 대표하여

조선민주주의인민공화국 정부를 대표하여

출처: 부록 2a 번역. 원문: ConsultantPlus, *Document No. LAW 94253*, https://www.consultant.ru/document/cons_doc_LAW_94253/

부록 3A. 불법 입국자 및 체류자 인도·인수에 관한 협정(러시아어 원본)

Контрагент: КНДР

Дата подписания: 02.02.2016

Дата вступления в силу: 07.08.2017

Действие: Дсйствует

СОГЛАШЕНИЕ
между Правительством Российской Федерации и Правительством Корейской Народно-Демократической Республики о передаче и приеме лиц, незаконно въехавших и незаконно пребывающих на территории Российской Федерации и Корейской Народно-Демократической Республики

Правительство Российской Федерации и Правительство Корейской Народно-Демократической Республики, именуемые в дальнейшем Сторонами,

руководствуясь стремлением к развитию добрососедских и дружественных отношений между двумя государствами, а также сотрудничества между ними в различных областях, в том числе в вопросах борьбы с незаконной миграцией, будучи убеждены, что введение в действие согласованных Сторонами принципов и норм, определяющих порядок передачи и приема лиц, находящихся на территории их государств в нарушение действующего порядка въезда и пребывания иностранных граждан и лиц без гражданства, является важной частью регулирования процессов миграции и вкладом в борьбу с незаконной миграцией,

уважая суверенное право государства каждой из Сторон в соответствии с его законодательством устанавливать ответственность за незаконную миграцию на его территорию или через нее иностранных граждан и лиц без гражданства,

согласились о нижеследующем:

Статья 1
Определения

В настоящем Соглашении приводимые ниже определения имеют следующее значение:

«незаконный въезд и незаконное пребывание» — въезд или пребывание в нарушение законодательства государства одной из Сторон по вопросам въезда, выезда и пребывания иностранных граждан и лиц без гражданства;

«передача и прием» — передача компетентными органами государства запрашивающей Стороны и прием компетентными органами государства запрашиваемой Стороны в порядке, на условиях и в целях, которые предусмотрены настоящим Соглашением, лиц, въехавших на территорию государства запрашивающей Стороны или находящихся на ней в нарушение законодательства этого государства по вопросам въезда, выезда и пребывания иностранных граждан и лиц без гражданства;

«государство запрашивающей Стороны» — государство одной из Сторон, центральный компетентный орган которого направляет запрос о передаче и приеме или транзите лица в соответствии с настоящим Соглашением;

«государство запрашиваемой Стороны» — государство одной из Сторон, в адрес центрального компетентного органа которого направлен запрос о передаче и приеме или транзите лица в соответствии с настоящим Соглашением;

«граждане третьих государств» – лица, не имеющие гражданства ни одного из государств Сторон и принадлежащие к гражданству государства, не являющегося участником настоящего Соглашения;

«лица без гражданства» – лица, не являющиеся гражданами государств Сторон и не имеющие доказательств принадлежности к гражданству третьего государства;

«компетентные органы» – органы государств Сторон, участвующие в реализации настоящего Соглашения;

«центральные компетентные органы» – компетентные органы государств Сторон, на которые возложены основные задачи по реализации настоящего Соглашения;

«Исполнительный протокол» – Исполнительный протокол о порядке реализации настоящего Соглашения.

Статья 2
Передача и прием граждан государств Сторон

1. Компетентные органы государства запрашиваемой Стороны принимают по запросу центрального компетентного органа государства запрашивающей Стороны лиц, которые въехали на территорию государства запрашивающей Стороны или находятся на ней с нарушением законодательства этого государства по вопросам въезда, выезда и пребывания иностранных граждан и лиц без гражданства, если установлено, что они являются гражданами государства запрашиваемой Стороны, в том числе граждан государства запрашиваемой Стороны.

2. В случае необходимости компетентные органы государства запрашиваемой Стороны выдают передаваемым лицам документы, необходимые для их въезда на территорию этого государства.

3. Перечень документов, на основании которых определяется наличие у лица гражданства государства одной из Сторон, приводится в Исполнительном протоколе.

Стороны в течение 30 календарных дней с даты вступления в силу настоящего Соглашения обмениваются по дипломатическим каналам образцами таких документов. В последующем каждая Сторона уведомляет другую Сторону по дипломатическим каналам о любых изменениях в образцах указанных документов.

4. Если ни один из документов, указанных в пункте 3 настоящей статьи, не может быть представлен, компетентные органы государств Сторон договариваются о проведении на территории государства запрашивающей Стороны собеседования с лицом, подлежащим передаче и приему, с целью получения сведений о его гражданстве.

5. Компетентные органы государства запрашиваемой Стороны принимают обратно переданное лицо в течение 30 календарных дней с даты его передачи, если полученные компетентными органами государства одной из Сторон после передачи лица результаты проверки будут свидетельствовать об отсутствии необходимых для его передачи и приема условий.

В этом случае центральный компетентный орган государства запрашиваемой Стороны передает центральному компетентному органу государства запрашивающей Стороны имеющиеся в его распоряжении материалы, касающиеся данного лица.

6. В случае если лицо, указанное в пункте 1 настоящей статьи, имеет действительный документ, удостоверяющий личность гражданина государства запрашиваемой Стороны, направление запроса о передаче и приеме не требуется. Передача таких лиц осуществляется в соответствии со статьей 9 Исполнительного протокола.

Статья 3
Передача и прием граждан третьих государств или лиц без гражданства

1. Компетентные органы государства запрашиваемой Стороны принимают по запросу центрального компетентного органа государства запрашивающей Стороны граждан третьих государств и лиц без гражданства, которые прибыли на территорию государства запрашивающей Стороны непосредственно с территории государства запрашиваемой Стороны с нарушением законодательства государства запрашивающей Стороны по вопросам въезда, выезда и пребывания иностранных граждан и лиц без гражданства.

2. Обязательство по передаче и приему, предусмотренное пунктом 1 настоящей статьи, не применяется, если граждане третьих государств или лица без гражданства:

2.1. непосредственно перед прибытием на территорию государства запрашивающей Стороны находились исключительно в транзитной зоне международного аэропорта на территории государства запрашиваемой Стороны;

2.2. прибыли на законных основаниях на территорию государства запрашиваемой Стороны в безвизовом порядке в соответствии с международным договором.

3. В случае если граждане третьих государств или лица без гражданства, указанные в пункте 1 настоящей статьи, не имеют документа, удостоверяющего личность, и отсутствует возможность выдачи такого документа компетентным органом государства гражданства или постоянного проживания данного лица, то после получения положительного ответа на запрос о передаче и приеме компетентный орган государства запрашивающей Стороны выдает такому лицу проездной документ, признаваемый государством запрашиваемой Стороны, необходимый для въезда на территорию государства запрашиваемой Стороны.

Стороны в течение 30 календарных дней с даты вступления в силу настоящего Соглашения обмениваются по дипломатическим каналам образцами указанного проездного документа. В последующем Стороны незамедлительно уведомляют друг друга по дипломатическим каналам о любых изменениях в таком документе.

4. Документы, указывающие на наличие оснований для передачи и приема граждан третьих государств и лиц без гражданства, приводятся в Исполнительном протоколе. Стороны в течение 30 календарных дней с даты вступления в силу настоящего Соглашения обмениваются по дипломатическим каналам образцами таких документов. В последующем каждая из Сторон уведомляет другую Сторону по дипломатическим каналам о любых изменениях в таких документах.

5. Компетентные органы государства запрашивающей Стороны принимают обратно переданное лицо в течение 30 календарных дней с даты его передачи, если полученные компетентными органами государства одной из Сторон после передачи лица результаты проверки будут свидетельствовать об отсутствии необходимых для его передачи и приема условий, предусмотренных в пункте 1 настоящей статьи.

В этом случае центральный компетентный орган государства запрашиваемой Стороны передает центральному компетентному органу государства запрашивающей Стороны имеющиеся в его распоряжении материалы, касающиеся данного лица.

6. В случае если гражданин третьего государства или лицо без гражданства имеет действительное разрешение на проживание, выданное полномочными органами государства запрашиваемой Стороны, направление запроса о передаче и приеме не требуется. Передача таких лиц осуществляется в соответствии со статьей 9 Исполнительного протокола.

Статья 4
Сроки направления и рассмотрения запросов о передаче и приеме

1. Запрос о передаче и приеме в отношении граждан государств Сторон может направляться компетентным органом государства запрашивающей Стороны с даты установления факта незаконного въезда на территорию государства запрашивающей Стороны или незаконного пребывания граждан государства запрашиваемой Стороны на территории государства запрашивающей Стороны.

2. Запрос о передаче и приеме в отношении граждан третьих государств и лиц без гражданства направляется центральному компетентному органу государства запрашиваемой Стороны в срок, не превышающий 180 календарных дней с даты установления факта незаконного въезда на территорию государства запрашивающей Стороны или пребывания на ней гражданина третьего государства или лица без гражданства.

3. Центральный компетентный орган государства запрашиваемой Стороны в течение 30 календарных дней с даты получения запроса о передаче и приеме лица дает согласие на прием или мотивированный отказ

в его приеме, если компетентными органами государства запрашиваемой Стороны установлено отсутствие необходимых для передачи лица условий, предусмотренных пунктом 1 статьи 2 и пунктом 1 статьи 3 настоящего Соглашения.При наличии обстоятельств юридического или фактического характера, препятствующих своевременному ответу на запрос о передаче и приеме лица, срок ответа на основании соответствующего обращения центрального компетентного органа государства запрашиваемой Стороны продлевается до 60 календарных дней.

Статья 5
Сроки передачи

1. Передача лиц, в отношении которых центральным компетентным органом государства запрашиваемой Стороны дано согласие на передачу и прием, осуществляется в течение 30 календарных дней с даты получения такого согласия центральным компетентным органом государства запрашивающей Стороны, если центральные компетентные органы государств Сторон в каждом конкретном случае не договорятся об ином.

2. По запросу центрального компетентного органа государства одной из Сторон срок, указанный в пункте 1 настоящей статьи, может быть продлен, в частности, ввиду возникновения обстоятельств, препятствующих или значительно затрудняющих передачу и прием лица. В этом случае центральный компетентный орган государства Стороны, ходатайствующий о продлении срока, должен информировать центральный компетентный орган государства другой Стороны о причинах отсрочки. При прекращении существования таких обстоятельств центральные компетентные органы государств Сторон принимают меры по передаче и приему лица в возможно короткие сроки.

3. При невозможности передачи лица центральный компетентный орган государства запрашивающей Стороны направляет центральному компетентному органу государства запрашиваемой Стороны соответствующее письменное уведомление.

Статья 6
Транзит

1. Центральный компетентный орган государства запрашиваемой Стороны по запросу центрального компетентного органа государства запрашивающей Стороны разрешает транзит через территорию государства запрашиваемой Стороны граждан третьих государств и лиц без гражданства, передаваемых в порядке передачи и приема в третьи государства, если государство запрашивающей Стороны гарантирует, что

указанным лицам будет предоставлен беспрепятственный въезд на территорию третьего государства независимо от того, является ли оно государством транзита или государством назначения.

2. Транзит лиц, указанных в пункте 1 настоящей статьи, может осуществляться в сопровождении сотрудников компетентных органов государства запрашивающей Стороны.

3. Запрос о транзите лица в соответствии с настоящей статьей направляется центральным компетентным органом государства запрашивающей Стороны заблаговременно, однако не позднее чем за 15 календарных дней до предполагаемой даты въезда лица на территорию государства запрашиваемой Стороны с целью транзита, если центральные компетентные органы государств Сторон в каждом конкретном случае не договорятся об ином.

4. Центральный компетентный орган государства запрашиваемой Стороны в течение 7 календарных дней с даты получения запроса о транзите лица дает согласие на транзит или мотивированный отказ в осуществлении транзита.

5. При осуществлении транзита лица, указанных в пункте 1 настоящей статьи, компетентные органы государства запрашиваемой Стороны по запросу компетентных органов государства запрашивающей Стороны оказывают им возможное содействие.

6. Компетентный орган государства запрашиваемой Стороны может отказать в транзите лица в следующих случаях:

6.1. существует угроза того, что в государстве назначения или в другом государстве транзита гражданин третьего государства или лицо без гражданства подвергнется пыткам, бесчеловечному или унижающему достоинство обращению или наказанию, смертной казни или преследованию по признаку расовой, религиозной, национальной принадлежности, а также принадлежности к определенной социальной группе или по признаку политических убеждений;

6.2. в государстве назначения или в другом государстве транзита, гражданин третьего государства или лицо без гражданства подвергнется уголовному преследованию или наказанию;

6.3. нахождение таких лиц на территории государства запрашиваемой Стороны является нежелательным, в частности, по соображениям национальной безопасности, охраны общественного порядка или здоровья населения.

7. Компетентные органы государства запрашиваемой Стороны, несмотря на выданное разрешение на транзитный проезд, могут возвратить лиц, указанных в пункте 1 настоящей статьи, компетентным органам государства запрашивающей Стороны, если после их въезда на территорию государства запрашиваемой Стороны в отношении них будут установлены обстоятельства, предусмотренные пунктом 6 настоящей статьи, а также если беспрепятственный въезд на территорию другого государства транзита или государства назначения более нельзя считать гарантированным.

8. Стороны на основе взаимности стремятся ограничивать случаи транзита граждан третьих государств и лиц без гражданства, которые могут быть возвращены непосредственно в государства их гражданства или государства их постоянного проживания.

9. Стороны осуществляют транзит граждан третьих государств и лиц без гражданства воздушным транспортом.

Статья 7
Защита персональных данных

1. Персональные данные, которыми компетентные органы государств Сторон обмениваются или передают друг другу в связи с реализацией положений настоящего Соглашения, подлежат защите в государстве каждой из Сторон в соответствии с его законодательством и международными договорами, участниками которых являются государства Сторон.

2. Компетентные органы государств Сторон обмениваются персональными данными в следующем порядке:

2.1. персональные данные могут использоваться только для целей настоящего Соглашения;

2.2. компетентные органы государств Сторон обеспечивают конфиденциальность персональных данных, получаемых в соответствии с настоящим Соглашением, и не предоставляют их третьей стороне, кроме как с разрешения компетентного органа государства Стороны, передавшего персональные данные, и уведомляют компетентные органы государства Стороны, передавшего такие данные, о том, как они были использованы;

2.3. компетентные органы государств Сторон обеспечивают защиту персональных данных от случайной утери, несанкционированного доступа, изменения или придания гласности.

Статья 8
Расходы, связанные с передачей и приемом и транзитом

1. Расходы, связанные с передачей и приемом лиц, упомянутых в пункте 1 статьи 2 и пункте 1 статьи 3 настоящего Соглашения, и их сопровождением до пункта пропуска через государственную границу государства запрашиваемой Стороны несет государство запрашивающей Стороны, в случае если расходы не могут быть оплачены такими лицами самостоятельно или третьими сторонами.

2. Расходы, связанные с транзитом и сопровождением лиц, указанных в пункте 1 статьи 6 настоящего Соглашения, и их возможным возвращением, несет государство запрашивающей Стороны, в случае если расходы не могут быть оплачены такими лицами самостоятельно или третьими сторонами.

3. Расходы, связанные с передачей лиц, указанных в пункте 5 статьи 2 и пункте 5 статьи 3 настоящего Соглашения, и их возможным сопровождением до пункта пропуска через государственную границу

государства запрашивающей Стороны, несет Сторона, действия или бездействие которой привели к передаче лица, основания для передачи и приема которого отсутствовали.

Статья 9
Исполнительный протокол

Стороны заключают Исполнительный протокол, который в том числе содержит правила, касающиеся:

1. компетентных органов и распределения полномочий между ними;
2. содержания и порядка направления запроса о передаче и приеме или транзите;
3. проведения собеседований;
4. процедуры передачи и приема или транзита;
5. передачи лиц с сопровождением, в том числе в случае транзита граждан третьих государств и лиц без гражданства;
6. порядка возмещения расходов, связанных с выполнением настоящего Соглашения.

Статья 10
Приостановление и возобновление применения Соглашения

1. Каждая Сторона может по причинам, связанным с защитой национальной безопасности, обеспечением общественного порядка или охраной здоровья населения, приостановить применение настоящего Соглашения.

дипломатическим каналам не позднее 72 часов до начала реализации такого решения.

Статья 11
Принципы сотрудничества

1. Все вопросы, возникающие между Сторонами и связанные с выполнением или толкованием настоящего Соглашения, решаются путем консультаций и переговоров между ними.

2. Порядок осуществления консультаций и переговоров определяется по договоренности Сторон.

Статья 12: Отношение к другим международным договорам

1. Настоящее Соглашение не затрагивает прав и обязательств каждой из Сторон, вытекающих из других международных договоров, участником которых является ее государство.

2. Ничто в настоящем Соглашении не препятствует возвращению того или иного лица на основании других международных договоров, заключенных каждым из государств Сторон.

Статья 13
Заключительные положения

1. Настоящее Соглашение вступает в силу по истечении 30 календарных дней с даты получения по дипломатическим каналам последнего письменного уведомления о выполнении Сторонами внутригосударственных процедур, необходимых для его вступления в силу.

2. Стороны по взаимному согласию могут вносить изменения в настоящее Соглашение, которые вступают в силу в порядке, предусмотренном для вступления в силу настоящего Соглашения.

3. Настоящее Соглашение заключается на неопределенный срок и его действие прекращается по истечении 60 календарных дней с даты получения одной Стороной по дипломатическим каналам письменного уведомления другой Стороны о её намерении прекратить его действие.

4. В случае прекращения действия настоящего Соглашения Стороны урегулируют обязательства, возникшие в период его действия.

Совершено в г. Москве "2" февраля 2016 г. в двух экземплярах, каждый на русском и корейском языках, причем оба текста имеют одинаковую силу.

За Правительство Российской Федерации

За Правительство Корейской Народно-Демократической Республики

출처: 러시아 연방 외무부, https://www.mid.ru/ru/foreign_policy/international_contracts/international_contracts/2_contract/43686/#sel=8:1:77t,11:7:yww

부록 3B. 불법 입국자 및 체류자 인도·인수에 관한 협정(한국어 번역본)

체약 상대국: 조선민주주의인민공화국

서명일: 02.02.2016

발효일: 07.08.2017

효력: 현행

협정
러시아 연방 정부와 조선민주주의인민공화국 정부 간의
러시아 연방 및 조선민주주의인민공화국 영역에 불법으로 입국하여
불법으로 체류하는 자의 인도 및 수용에 관한 협정

러시아 연방 정부와 조선민주주의인민공화국 정부(이하 '당사국'이라 한다)는,

양국 간 선린우호 관계 및 불법 이주와의 전쟁 문제를 포함한 다양한 분야에서의 협력 발전에 대한 염원에 따라,

외국인 및 무국적자의 입국 및 체류에 관한 현행 절차를 위반하여 자국 영역에 체류하는 자의 인도 및 수용 절차를 규정하는, 당사국이 합의한 원칙과 규범을 시행하는 것이 이주 과정을 규제하는 중요한 부분이며 불법 이주와의 전쟁에 기여하는 것이라 확신하며,

자국 영역으로 또는 영역을 경유하는 외국인 및 무국적자의 불법 이주에 대한 책임을 자국 법률에 따라 설정할 각 당사국 국가의 주권을 존중하며,

다음과 같이 합의하였다:

제1조
정의

이 협정에서 아래의 정의는 다음과 같은 의미를 가진다:

• **"불법 입국 및 불법 체류"** – 일방 당사국 국가의 외국인 및 무국적자의 입국, 출국 및 체류에 관한 법률을 위반한 입국 또는 체류.

• **"인도 및 수용"** – 요청 당사국 국가의 권한 있는 기관이, 해당 국가의 외국인 및 무국적자의 입국, 출국 및 체류에 관한 법률을 위반하여 입국했거나 체류 중인 자를 이 협정에 규정된 절차, 조건 및 목적에 따라 인도하고, 피요청 당사국 국가의 권한 있는 기관이 이를 수용하는 것.

• **"요청 당사국 국가"** – 중앙 권한 있는 기관이 이 협정에 따라 특정인의 인도 및 수용 또는 경유를 요청하는 일방 당사국의 국가.

• **"피요청 당사국 국가"** – 중앙 권한 있는 기관이 이 협정에 따라 특정인의 인도 및 수용 또는 경유 요청을 받은 일방 당사국의 국가.

• **"제3국 국민"** – 당사국 양국의 국적을 가지지 않으며 이 협정의 참여국이 아닌 국가의 국적에 속하는 자.

• **"무국적자"** – 당사국 국가의 국민이 아니며 제3국 국적에 속한다는 증거를 가지지 않은 자.

• **"권한 있는 기관"** – 이 협정의 이행에 참여하는 당사국 국가의 기관.

• **"중앙 권한 있는 기관"** – 이 협정의 이행에 관한 주요 과제를 위임받은 당사국 국가의 권한 있는 기관.

• **"이행 의정서"** – 이 협정의 이행 절차에 관한 이행 의정서.

제2조
당사국 국민의 인도 및 수용

1. 피요청 당사국 국가의 권한 있는 기관은 요청 당사국 국가의 중앙 권한 있는 기관의 요청에 따라, 요청 당사국 국가의 외국인 및 무국적자 입국, 출국 및 체류 관련 법률을 위반하여 해당 국가 영역에 입국했거나 체류 중인 자가 피요청 당사국 국가의 국민으로 확인될 경우 이들을 수용한다.

2. 필요시, 피요청 당사국 국가의 권한 있는 기관은 인도되는 자에게 해당 국가 영역으로 입국하는 데 필요한 서류를 발급한다.

3. 특정인이 일방 당사국 국가의 국적을 보유하고 있음을 판단하는 근거가 되는 서류 목록은 이행 의정서에 명시된다.

당사국은 이 협정 발효일로부터 30일 이내에 외교 경로를 통해 해당 서류들의 견본을 교환한다. 이후 각 당사국은 상기 서류 견본의 모든 변경 사항을 외교 경로를 통해 타방 당사국에 통지한다.

4. 이 조 제3항에 명시된 서류 중 어느 것도 제출될 수 없는 경우, 당사국 국가의 권한 있는 기관은 인도 및 수용 대상자의 국적에 관한 정보를 얻기 위해 요청 당사국 국가 영역 내에서 해당 인물과의 면담을 실시하기로 합의한다.

5. 피요청 당사국 국가의 권한 있는 기관은 인도된 자가 인도된 날로부터 30일 이내에, 인도 후 일방 당사국 국가의 권한 있는 기관이 입수한 조사 결과가 그의 인도 및 수용에 필요한 조건이 없었음을 증명하는 경우, 해당 인물을 다시 수용한다.

이 경우, 피요청 당사국 국가의 중앙 권한 있는 기관은 해당 인물에 관하여 보유하고 있는 자료를 요청 당사국 국가의 중앙 권한 있는 기관에 전달한다.

6. 이 조 제1항에 명시된 자가 피요청 당사국 국가 국민의 유효한 신원증명서를 소지한 경우, 인도 및 수용 요청은 필요하지 않다. 이러한 자의 인도는 이행 의정서 제9조에 따라 수행된다.

제3조
제3국 국민 또는 무국적자의 인도 및 수용

1. 피요청 당사국 국가의 권한 있는 기관은 요청 당사국 국가의 중앙 권한 있는 기관의 요청에 따라, 요청 당사국 국가의 외국인 및 무국적자 입국, 출국 및 체류 관련

법률을 위반하여 피요청 당사국 국가 영역으로부터 직접 요청 당사국 국가 영역으로 들어온 제3국 국민 및 무국적자를 수용한다.

2. 이 조 제1항에 규정된 인도 및 수용 의무는 제3국 국민 또는 무국적자가 다음에 해당하는 경우 적용되지 않는다:

2.1. 요청 당사국 국가 영역에 도착하기 직전, 피요청 당사국 국가 영역 내 국제공항의 경유 구역에만 머물렀을 경우.

2.2. 국제 조약에 따라 무비자 제도로 피요청 당사국 국가 영역에 합법적으로 입국했을 경우.

3. 이 조 제1항에 명시된 제3국 국민 또는 무국적자가 신원증명서를 소지하지 않았고, 해당인의 국적국 또는 상주국의 권한 있는 기관이 그러한 문서를 발급할 가능성이 없는 경우, 인도 및 수용 요청에 대한 긍정적 답변을 받은 후, 요청 당사국 국가의 권한 있는 기관은 해당인에게 피요청 당사국 국가로의 입국에 필요한, 피요청 당사국 국가가 인정하는 여행 증명서를 발급한다.

당사국은 이 협정 발효일로부터 30일 이내에 외교 경로를 통해 상기 여행 증명서의 견본을 교환한다. 이후 당사국은 해당 문서의 모든 변경 사항을 외교 경로를 통해 즉시 상호 통지한다.

4. 제3국 국민 및 무국적자의 인도 및 수용 근거를 나타내는 서류는 이행 의정서에 명시된다. 당사국은 이 협정 발효일로부터 30일 이내에 외교 경로를 통해 해당 서류들의 견본을 교환한다. 이후 각 당사국은 해당 문서의 모든 변경 사항을 외교 경로를 통해 타방 당사국에 통지한다.

5. 요청 당사국 국가의 권한 있는 기관은 인도된 자가 인도된 날로부터 30일 이내에, 인도 후 일방 당사국 국가의 권한 있는 기관이 입수한 조사 결과가 이 조 제1항에 규정된 그의 인도 및 수용에 필요한 조건이 없었음을 증명하는 경우, 해당 인물을 다시 수용한다.

이 경우, 피요청 당사국 국가의 중앙 권한 있는 기관은 해당 인물에 관하여 보유하고 있는 자료를 요청 당사국 국가의 중앙 권한 있는 기관에 전달한다.

6. 제3국 국민 또는 무국적자가 피요청 당사국 국가의 권한 있는 기관이 발급한 유효한 거주 허가를 소지한 경우, 인도 및 수용 요청은 필요하지 않다. 이러한 자의 인도는 이행 의정서 제9조에 따라 수행된다.

제4조
인도 및 수용 요청의 발송 및 심사 기한

1. 당사국 국민에 대한 인도 및 수용 요청은, 피요청 당사국 국가 국민이 요청 당사국 국가 영역에 불법으로 입국했거나 불법으로 체류 중이라는 사실이 확인된 날로부터 요청 당사국 국가의 권한 있는 기관이 발송할 수 있다.

2. 제3국 국민 및 무국적자에 대한 인도 및 수용 요청은, 해당 제3국 국민 또는 무국적자가 요청 당사국 국가 영역에 불법으로 입국했거나 체류 중이라는 사실이 확인된 날로부터 180일을 초과하지 않는 기간 내에 피요청 당사국 국가의 중앙 권한 있는 기관에 발송되어야 한다.

3. 피요청 당사국 국가의 중앙 권한 있는 기관은 특정인의 인도 및 수용 요청을 접수한 날로부터 30일 이내에 수용에 대한 동의 또는 근거를 명시한 거부 의사를 회신해야 한다. 거부는 피요청 당사국 국가의 권한 있는 기관이 이 협정 제2조 제1항 및 제3조 제1항에 규정된 인도 조건이 부재함을 확인한 경우에 가능하다.

인도 및 수용 요청에 대한 시기적절한 회신을 방해하는 법적 또는 사실적 성격의 사정이 있는 경우, 피요청 당사국 국가의 중앙 권한 있는 기관의 관련 요청에 근거하여 회신 기한은 최대 60일까지 연장될 수 있다.

제5조
인도 기한

1. 피요청 당사국 국가의 중앙 권한 있는 기관이 인도 및 수용에 동의한 자의 인도는, 양 당사국의 중앙 권한 있는 기관이 각 특정 사례에 대해 달리 합의하지 않는 한, 요청 당사국 국가의 중앙 권한 있는 기관이 해당 동의를 접수한 날로부터 30일 이내에 수행된다.

2. 일방 당사국 국가의 중앙 권한 있는 기관의 요청에 따라, 이 조 제1항에 명시된 기한은 특정인의 인도 및 수용을 방해하거나 현저히 어렵게 하는 사정이 발생한 경우 연장될 수 있다. 이 경우, 기한 연장을 신청하는 당사국 국가의 중앙 권한 있는 기관은 지연 사유를 타방 당사국 국가의 중앙 권한 있는 기관에 통보해야 한다. 그러한 사정이 해소되면, 양 당사국 국가의 중앙 권한 있는 기관은 가능한 가장 짧은 시간 내에 해당인의 인도 및 수용 조치를 취한다.

3. 특정인의 인도가 불가능할 경우, 요청 당사국 국가의 중앙 권한 있는 기관은 피요청 당사국 국가의 중앙 권한 있는 기관에 상응하는 서면 통지를 발송한다.

제6조
경유

1. 피요청 당사국 국가의 중앙 권한 있는 기관은 요청 당사국 국가의 중앙 권한 있는 기관의 요청에 따라, 제3국으로 인도 및 수용 절차에 따라 인도되는 제3국 국민 및 무국적자의 피요청 당사국 국가 영역을 통한 경유를 허가한다. 단, 요청 당사국 국가가 해당인들에게 제3국이 경유국이든 목적지국이든 관계없이 해당 국가 영역으로의 방해 없는 입국이 제공될 것을 보장하는 경우에 한한다.

2. 이 조 제1항에 명시된 자의 경유는 요청 당사국 국가의 권한 있는 기관 직원들의 호송 하에 이루어질 수 있다.

3. 이 조에 따른 경유 요청은 양 당사국 국가의 중앙 권한 있는 기관이 각 특정 사례에 대해 달리 합의하지 않는 한, 요청 당사국 국가의 중앙 권한 있는 기관이 해당인의 경유 목적 피요청 당사국 국가 영역 입국 예정일로부터 최소 15일 이전에 발송해야 한다.

4. 피요청 당사국 국가의 중앙 권한 있는 기관은 경유 요청을 접수한 날로부터 7일 이내에 경유에 대한 동의 또는 근거를 명시한 거부 의사를 회신해야 한다.

5. 이 조 제1항에 명시된 자의 경유를 수행할 때, 피요청 당사국 국가의 권한 있는 기관은 요청 당사국 국가의 권한 있는 기관의 요청에 따라 가능한 지원을 제공한다.

6. 피요청 당사국 국가의 권한 있는 기관은 다음의 경우 경유를 거부할 수 있다:

6.1. 목적지국 또는 다른 경유국에서 해당 제3국 국민 또는 무국적자가 고문, 비인도적이거나 굴욕적인 대우 또는 처벌, 사형 또는 인종, 종교, 국적, 특정 사회 집단 소속 또는 정치적 신념을 이유로 한 박해를 받을 위협이 존재하는 경우.

6.2. 목적지국 또는 다른 경유국에서 해당 제3국 국민 또는 무국적자가 형사 소추 또는 처벌을 받을 경우.

6.3. 국가 안보, 공공질서 유지 또는 공중 보건 등의 이유로 해당인들의 피요청 당사국 국가 영역 내 체류가 바람직하지 않은 경우.

7. 경유 통과 허가를 발급했음에도 불구하고, 피요청 당사국 국가의 권한 있는 기관은 이 조 제1항에 명시된 자들이 피요청 당사국 국가 영역에 입국한 후 이 조 제6항에 규정된 사정이 확인되거나, 다른 경유국 또는 목적지국으로의 방해 없는 입국이 더 이상 보장된다고 볼 수 없는 경우, 이들을 요청 당사국 국가의 권한 있는 기관으로 돌려보낼 수 있다.

8. 당사국은 상호주의에 입각하여, 국적국 또는 상주국으로 직접 송환될 수 있는 제3국 국민 및 무국적자의 경유 사례를 제한하기 위해 노력한다.

9. 당사국은 제3국 국민 및 무국적자의 경유를 항공 운송으로 수행한다.

제7조
개인정보 보호

1. 당사국 국가의 권한 있는 기관이 이 협정 조항의 이행과 관련하여 교환하거나 서로에게 전달하는 개인정보는 각 당사국 국가에서 자국 법률 및 당사국 국가가 참여하는 국제 조약에 따라 보호받는다.

2. 당사국 국가의 권한 있는 기관은 다음 절차에 따라 개인정보를 교환한다:

2.1. 개인정보는 오직 이 협정의 목적을 위해서만 사용될 수 있다.

2.2. 당사국 국가의 권한 있는 기관은 이 협정에 따라 수신한 개인정보의 기밀성을 보장하며, 개인정보를 전달한 당사국 국가 권한 있는 기관의 허가 없이는 제3자에게 제공하지 않고, 해당 정보를 전달한 당사국 국가의 권한 있는 기관에 정보가 어떻게 사용되었는지 통지한다.

2.3. 당사국 국가의 권한 있는 기관은 개인정보가 우발적 손실, 무단 접근, 변경 또는 공개로부터 보호되도록 보장한다.

제8조
인도, 수용 및 경유 관련 비용

1. 이 협정 제2조 제1항 및 제3조 제1항에 언급된 자들의 인도, 수용 및 피요청 당사국 국가의 국경 통과 지점까지의 호송과 관련된 비용은, 해당인들이 스스로 또는 제3자가 지불할 수 없는 경우, 요청 당사국 국가가 부담한다.

2. 이 협정 제6조 제1항에 명시된 자들의 경유 및 호송과 가능한 송환에 관련된 비용은, 해당인들이 스스로 또는 제3자가 지불할 수 없는 경우, 요청 당사국 국가가 부담한다.

3. 이 협정 제2조 제5항 및 제3조 제5항에 명시된 자들의 인도 및 국경 통과 지점까지의 가능한 호송과 관련된 비용은, 인도 및 수용의 근거가 없었던 자의 인도를 초래한 행위 또는 부작위를 한 당사국이 부담한다.

제9조
이행 의정서

당사국은 다음 사항에 관한 규칙을 포함하는 이행 의정서를 체결한다:

- 권한 있는 기관 및 그들 간의 권한 분배.
- 인도, 수용 또는 경유 요청의 내용 및 발송 절차.
- 면담 실시.
- 인도, 수용 또는 경유 절차.
- 제3국 국민 및 무국적자 경유 시를 포함한 호송 하의 인원 인도.
- 이 협정 이행과 관련된 비용의 정산 절차.

제10조
협정 적용의 중단 및 재개

1. 각 당사국은 국가 안보 보호, 공공질서 확보 또는 공중 보건 수호와 관련된 사유로 이 협정의 적용을 중단할 수 있다.

2. 적용 중단을 결정한 당사국은 해당 결정 실행 최소 72시간 전까지 외교 경로를 통해 타방 당사국에 이를 통지한다.

제11조
협력 원칙

1. 이 협정의 이행 또는 해석과 관련하여 당사국 간에 발생하는 모든 문제는 상호 간의 협의와 협상을 통해 해결한다.

2. 협의 및 협상 수행 절차는 당사국 간의 합의에 따라 결정된다.

제12조
다른 국제 조약과의 관계

1. 이 협정은 각 당사국이 참여하는 다른 국제 조약으로부터 발생하는 권리와 의무에 영향을 미치지 않는다.

2. 이 협정의 어떠한 조항도 각 당사국 국가가 체결한 다른 국제 조약에 근거한 특정인의 송환을 방해하지 않는다.

제13조
최종 조항

1. 이 협정은 발효에 필요한 국내 절차를 당사국이 완료하였음을 알리는 마지막 서면 통지를 외교 경로를 통해 접수한 날로부터 30일이 경과한 후에 효력을 발생한다.

2. 당사국은 상호 합의에 따라 이 협정을 변경할 수 있으며, 변경 사항은 이 협정의 발효에 규정된 절차에 따라 효력을 발생한다.

3. 이 협정은 무기한으로 체결되며, 일방 당사국이 타방 당사국으로부터 협정 종료 의사를 담은 서면 통지를 외교 경로를 통해 접수한 날로부터 60일이 경과한 후에 그 효력이 종료된다.

4. 이 협정의 효력이 종료되는 경우, 당사국은 효력 기간 중에 발생한 의무를 해결한다.

2016년 2월 2일 모스크바에서 러시아어와 조선어로 각 2부씩 작성하였으며, 두 원본은 동등한 효력을 가진다.

러시아 연방 정부를 대표하여

조선민주주의인민공화국 정부를 대표하여

출처: 부록 3a 번역. 원문: 러시아 연방 외무부, https://www.mid.ru/ru/foreign_policy/international_contracts/international_contracts/2_contract/43686/#sel=8:1:77t,11:7:yww

부록 4. 경제무역참사부와 경제협조단, 경제실무대표단의 대외경제사업규정

경제무역참사부와 경제협조단, 경제실무대표단의 대외경제사업규정

주체109(2020)년 7월 1일 내각결정 제49호로 채택됨

경애하는 김정은동지께서는 다음과 같이 말씀하시였다.

《대외경제부문에서는 자립적민족경제건설로선에 철저히 립각하여 나라의 경제토대를 강화하는데 실질적 도움이 되는 부분과 교류를 보충하는 방향에서 대외경제협조와 기술교류, 무역활동을 다각적으로, 주동적으로 전개해나가야 합니다.》

제1장 총칙

제1조. 이 규정은 경제무역참사부와 경제협조단, 경제실무대표단이 대외경제사업에서 엄격한 제도와 질서를 세워 대외경제협조와 기술교류, 무역활동을 다각적으로, 주동적으로 전개하게 함으로써 여러 나라들과의 경제협조와 교류를 확대발전시키는데 이바지하기 위하여 제정한다.

제2조. 이 규정에서 용어의 정의는 다음과 같다.

1. 경제무역참사부는 우리 나라와 주재국(겸임국 포함)의 경제무역사업에서 교류와 협력이 적극 추진되도록 경제외교사업을 하며, 주재국 안에서 경

제협조단, 경제실무대표단의 대외경제사업을 장악·지도하는 국가외교대표부의 경제외교부서이다.
2. 경제협조단은 무역회사(총회사 포함)의 지사, 대표부, 국외투자기업, 해외기술협조기구, 대외건설회사 같은 경제적 리익을 얻을 목적으로 다른 나라에 상주하여 경제사업을 하는 조직체이다.
3. 경제실무대표단은 대외경제계약체결, 전람회, 감수, 실습, 관관 같은 대외경제사업을 목적으로 다른 나라에 파견되는 대표단이다.

제3조. 경제무역참사부와 경제협조단, 경제실무대표단은 다음과 같은 원칙과 요구에 맞게 대외경제사업을 진행하여야 한다.

1. 위대한 수령님과 위대한 장군님, 경애하는 김정은동지의 경제적 권위를 철저히 옹호하고 그에 의거하여 대외경제사업을 힘있게 진행하여야 한다.
2. 위대한 수령님과 위대한 장군님, 경애하는 김정은동지의 위대성을 널리 소개·선전하여야 한다.
3. 경애하는 김정은동지의 유일적 령도체계를 튼튼히 세워야 한다.
4. 대외경제사업에서 자주성의 원칙을 철저히 지키며 국가와 인민의 리익을 견결히 옹호·고수하여야 한다.
5. 국가외교대표부 책임자의 통일적인 지휘 밑에 부여된 권한과 기능, 승인된 사업계획에 따라 대외경제사업을 하며, 직능과 권한밖에 제기되는 문제를 자의대로 처리하지 말아야 한다.
6. 대외경제사업에서 혁명적 경각성을 높이고 국가의 비밀을 엄격히 지켜야 한다.
7. 주재국의 법절차와 국제법을 준수하며, 다른 나라의 내부문제에 간섭하지 말아야 한다.

제4조. 이 규정은 경제무역참사부와 경제협조단, 경제실무대표단이 대외경제사업과 관련있는 기관, 기업소, 단체의 일군에게 적용한다.

제5조. 이 규정은 다른 나라에 나가 활동하는 경제무역참사부와 경제협조단, 경제실무대표단의 대외경제사업절차를 규제한다.

제2장. 경제무역 참사부

제6조. 경제무역참사부는 국가외교대표부 책임자의 통일적인 지휘 밑에 자기의 공인과 명판을 가지고 주재국 정부 또는 비정부기구와 대외경제계약을 진행하여야 한다.

경제무역참사부에는 경제무역참사와 경제무역대표부가 포함된다.

제7조. 경제무역참사부는 정령의 위임에 따라 그를 대표하여 주재국과의 경제무역협정, 의정 같은 경제조약을 맺기 위한 교섭과 교제 및 리행을 추진하는 사업을 하여야 한다.

제8조. 경제무역참사부는 주재국의 정부, 비정부기구, 민간단체로부터 자금 및 대부자금, 협조물자를 들여오는 사업을 바로하여야 한다.

제9조. 경제무역참사부는 주재국의 경제정책과 법, 국제경제협정 및 국제경제기구 가입, 환차제 및 시장경제변동 같은 경제무역자료를 정상적으로 조사하여 대외경제성(이 아래에 놓은 중앙대외경제지도기관과 함께)에 보고하여야 한다.

제10조. 경제무역참사부는 대외 홈페이지(조선의 무역)를 통하여 주재국에 우리나라의 경제법률과 정책과 규정에서 정한 회사, 수출품을 비롯한 무역자료, 경제무역분야에서 이룩한 성과를 소개·선전하여야 한다.

제11조. 경제무역참사부는 주재국에서 우리 나라의 기관, 기업소, 단체가 상품전람회, 무역 및 투자상담회 같은 각종 협의조치에 참가하도록 하여 인민경제 발전에 필요한 무역통로를 더 많이 개척하여야 한다.

제12조. 경제무역참사부는 나라의 경제발전과 인민생활향상에 절실히 필요한 통상자료를 들여오기 위한 사업을 장악하여야 한다.

가치있는 통상자료를 들여온 경제무역참사부의 일군은 통상자료의 실험 및 도입결과에 따라 해당한 상금을 받을 수 있다.

룽성자료의 심의, 평가절차와 방법은 중앙과학기술행정지도관리기관이 정한 데 따른다.

제13조. 경제무역참사부는 주재국에서 가공무역품, 기술무역, 봉사무역, 되거래무역, 중계무역 같은 무역방식으로 무역을 진행하여 학술, 학과, 대외건설, 기술교류 같은 경제협조의 방식으로도 경제계를 하려는 대상을 찾아 우리 나라 기관, 기업소, 단체와 련계를 맺어줄 수 있다.

제14조. 경제무역참사부는 우리 나라의 기관, 기업소, 단체와 주재국의 회사 사이에 경제무역거래를 실현시켜주고 받은 료금(사례금 포함)을 경비예산자금으로 적립하고 써야 한다.

제15조. 경제무역참사부는 경제무역거래를 실현시켰을 경우, 우리 나라의 기관, 기업소, 단체로부터 다음과 같이 료금을 받을 수 있다.

1. 수출품의 판로를 개척하여 실현시켜주었을 경우 : 건당 수출품판매액의 규모에 따라 2~5%
2. 대외건설, 합영, 합작, 기술협조와 같은 대상을 실현시켜주었을 경우 : 대상건당 우리측 리윤몫 규모에 따라 배율 2~5%
3. 공장, 기업소에 원료, 자재를 대주고 가공무역을 실현시켰을 경우 : 건당 락득금의 규모에 따라 1~3%

제16조. 경제무역참사부는 경제협조단 및 경제실무대표단의 파견 및 대표단초청과 관련한 의뢰서가 제기되는 경우 목적과 실용성을 따져본 다음 국가외교대표부 책임자의 승인을 받아 국가외교대표부 명의로 중앙대외사업지도기관에 보내주어야 한다.

제17조. 경제무역참사부는 비밀보장체계를 엄격히 세워 대외경제사업과정에 비밀이 류설되지 않도록 하여야 한다.

제18조. 경제무역참사부는 주재국에 있는 경제협조단, 경제실무대표단의 대외경제사업을 장악·지도하여야 한다.

제19조. 경제무역참사부는 경제협조단, 경제실무대표단의 사업평가보고서와 대외경제사업경형을 제때에 중앙대외경제지도기관에 보고하여야 한다.

제3장. 경제협조단, 경제실무대표단

제20조. 경제협조단, 경제실무대표단은 경제무역참사부의 지도 밑에 대외경제사업을 하여야 한다.

제21조. 경제협조단은 해당 기관, 기업소, 단체에서 받은 과업과 대외경제사업과정에 제기되는 문제를 국가외교대표부 책임자와 경제무역참사부에 보고하고 그 집행대책과 방도를 협의하여 처리하여야 한다.

제22조. 경제협조단은 국가관계에 영향을 미칠 수 있는 문제가 제기되었을 경우 국가외교대표부 책임자, 경제무역참사부와 협의하고 국가외교대표부를 통하여 중앙대외사업지도기관에 보고하여야 한다.

제23조. 경제협조단은 경제무역거래를 실현하기 위하여 지방출장을 조직하려 할 경우 경제무역참사부의 협의와 국가외교대표부 책임자의 승인을 받으며, 제3국·조국출장을 조직하려는 경우에는 경제무역참사부와 협의하고 국가외교대표부를 통하여 중앙대외사업지도기관에 제기하고 승인을 받아야 한다.

제24조. 경제협조단은 주재국의 회사와 무역거래, 합영, 합작, 경제기술협조를 위한 계약의 체결, 상품전람회조직 같은 문제가 제기되었을 경우 국가외교대표부 책임자, 경제무역참사부와 협의한 다음 처리하여야 한다.

제25조. 우리 나라의 기관, 기업소, 단체는 대외경제계약의 체결, 전람회 참가, 강습, 실습, 관광 같은 대외경제사업을 목적으로 다른 나라에 경제실무대표단을 파견할 수 있다.

제26조. 경제실무대표단은 주재국에서 대외경제사업을 다음과 같이 하여야 한다.

1. 해당 나라에 도착하는 즉시 대표단사업계획을 국가외교대표부 책임자와 경제무역참사부에 보고하여야 한다.
2. 대외경제사업과정에 제기되는 문제와 대책안을 조국에 보고하려 할 경우 경제무역참사부와 협의하고 국가외교대표부를 통하여 보고하며 결론을 받아 처리하여야 한다.
3. 대표단사업계획에 없는 대외면담, 참관, 관람 같은 의례사업, 지방출장이 예정되었을 경우 경제무역참사부를 통하여 국가외교대표부 책임자의 승인을 받아야 한다.
4. 대외경제계약은 국가의 대외경제정책과 법규범의 요구에 맞게 체결하여야 한다.
5. 주재국의 경제실태 및 상품가격조사, 판로개척을 위한 사업을 책임적으로 하여야 한다.
6. 대표단사업이 끝났을 경우 대표단사업 총화보고서를 경제무역참사부를 통하여 국가외교대표부에 제기하며 대표부사업평가서를 받아야 한다.

제4장. 지도통제

제27조. 경제무역참사부와 경제협조단, 경제실무대표단의 대외경제사업에 대한 내각의 통일적 지도 밑에 중앙대외경제지도기관이 한다.

제28조. 중앙대외경제지도기관은 경제무역참사부와 경제협조단, 경제실무대표단의 대외경제사업을 정상적으로 장악하고 해당한 대책을 세워야 한다.

제29조. 이 규정을 위반하였을 경우 엄중성 정도에 따라 기관, 기업소, 단체의 책임있는 일군은 해당한 행정적 책임을 진다.

(주): 주체110(2021)년 10월 19일 내각결정 123호로 수정보충됨

출처: Daily NK, https://www.dailynk.com/20250502-1/

(사)북한인권정보센터 출판도서 목록

도서명	저자	출판년도	가격
▶ 연례도서			

북한인권통계백서(국문)

도서명	저자	출판년도	가격
2007 북한인권통계백서	윤여상 외	2007	₩20,000
2008 북한인권백서	북한인권기록보존소 윤여상 외	2008	₩20,000
2009 북한인권백서	북한인권기록보존소 윤여상 외	2009	₩20,000
2010 북한인권백서	북한인권기록보존소 윤여상 외	2010	₩20,000
2011 북한인권백서	북한인권기록보존소 윤여상 외	2011	₩30,000
2012 북한인권백서	북한인권기록보존소 윤여상 외	2012	₩30,000
2013 북한인권백서	북한인권기록보존소 윤여상 외	2013	₩30,000
2014 북한인권백서	북한인권기록보존소 윤여상 외	2014	₩30,000

	제목	저자	연도	가격
	2015 북한인권백서	북한인권기록보존소 윤여상 외	2015	₩30,000
	2016 북한인권백서	북한인권기록보존소 안현민 외	2016	₩30,000
	2017 북한인권백서	북한인권기록보존소 최선영 외	2017	₩30,000
	2018 북한인권백서	북한인권기록보존소 임순희 외	2018	₩30,000
	2019 북한인권백서	북한인권기록보존소 임순희 외	2019	₩30,000
	2020 북한인권백서	북한인권기록보존소 안현민 외	2020	₩30,000
	2024 북한인권백서	북한인권기록보존소 윤여상 외	2024	₩30,000

북한인권통계백서(영문)

	White Paper on North Korean Human Rights Statistics 2007	북한인권기록보존소 윤여상 외	2008	₩20,000
	White Paper on North Korean Human Rights 2008	북한인권기록보존소 윤여상 외	2008	₩20,000
	White Paper on North Korean Human Rights 2009	북한인권기록보존소 윤여상 외	2009	₩20,000
	White Paper on North Korean Human Rights 2010	북한인권기록보존소 윤여상 외	2010	₩20,000
	White Paper on North Korean Human Rights 2011	북한인권기록보존소 윤여상 외	2011	₩30,000
	White Paper on North Korean Human Rights 2012	북한인권기록보존소 윤여상 외	2012	₩30,000
	White Paper on North Korean Human Rights 2013	북한인권기록보존소 윤여상 외	2013	₩30,000
	White Paper on North Korean Human Rights 2014	북한인권기록보존소 윤여상 외	2014	₩30,000
	White Paper on North Korean Human Rights 2015	북한인권기록보존소 윤여상 외	2015	₩30,000

	White Paper on North Korean Human Rights 2016	북한인권기록보존소 윤여상 외	2016	₩30,000
	White Paper on North Korean Human Rights 2017	북한인권기록보존소 최선영 외	2018	₩30,000
	White Paper on North Korean Human Rights 2018	북한인권기록보존소 임순희 외	2019	₩30,000
	White Paper on North Korean Human Rights 2019	북한인권기록보존소 임순희 외	2019	₩30,000
	White Paper on North Korean Human Rights 2020	북한인권기록보존소 안현민 외	2020	₩30,000

북한종교자유백서(국문)

	2008 북한종교자유백서	윤여상, 한선영	2008	₩10,000
	2009 북한종교자유백서	윤여상, 한선영	2009	₩10,000
	2010 북한종교자유백서	윤여상, 한선영	2010	₩10,000

	2011 북한종교자유백서	윤여상, 한선영, 윤중근	2012	₩10,000
	2012 북한종교자유백서	윤여상, 한선영, 장은실	2013	₩20,000
	2013 북한종교자유백서	윤여상, 정재호, 안현민	2013	₩20,000
	2014 북한종교자유백서	윤여상, 정재호, 안현민	2014	₩20,000
	2015 북한종교자유백서	윤여상, 정재호, 안현민	2015	₩20,000
	2016 북한종교자유백서	정재호, 안현민, 윤여상	2016	₩20,000
	2017 북한종교자유백서	안현민, 윤여상, 정재호	2017	₩20,000
	2018 북한종교자유백서	안현민, 윤여상, 정재호	2018	₩20,000
	2019 북한종교자유백서	안현민, 윤여상, 정재호	2019	₩20,000

	2020 북한종교자유백서	안현민, 윤여상, 정재호	2020	₩20,000
	2024 북한종교자유백서	양수영, 김유니크	2025	₩20,000

북한종교자유백서(영문)

	White Paper on Religious Freedom in North Korea 2009	윤여상, 한선영, 장은실	2009	₩10,000
	Religious Freedom in North Korea 2012	윤여상, 한선영, 장은실, 최선영	2013	₩10,000
	White Paper on Religious Freedom in North Korea 2013	윤여상, 정재호, 안현민	2013	₩20,000
	White Paper on Religious Freedom in North Korea 2014	윤여상, 정재호, 안현민	2014	₩20,000
	White Paper on Religious Freedom in North Korea 2015	윤여상, 정재호, 안현민	2015	₩20,000
	White Paper on Religious Freedom in North Korea 2016	정재호, 안현민, 윤여상	2016	₩20,000

White Paper on Religious Freedom in North Korea 2017	안현민, 윤여상, 정재호	2018	₩20,000
White Paper on Religious Freedom in North Korea 2018	안현민, 윤여상, 정재호	2019	₩20,000

북한이탈주민경제활동동향(국문)

2006 북한이탈주민 경제활동 동향 - 취업,실업,소득	엄홍석, 윤여상, 허선행	2007	₩5,000
2007 북한이탈주민 경제활동 동향 - 취업,실업,소득	윤여상, 허선행	2008	₩5,000
2008 북한이탈주민 경제활동 동향 - 취업,실업,소득	북한인권정보센터	2009	₩5,000
2009 북한이탈주민 경제활동 동향 - 취업,실업,소득	허선행, 임순희	2010	₩5,000
2010 북한이탈주민 경제활동 동향 - 취업,실업,소득	서윤환, 이용화	2011	₩10,000
2011 북한이탈주민 경제활동 동향 - 취업,실업,소득	서윤환, 이용화	2012	₩10,000

표지	제목	저자	연도	가격
	2012 북한이탈주민 경제활동 동향 - 취업,실업,소득	서윤환, 신효선	2013	₩10,000
	2013 북한이탈주민 경제활동 동향 - 취업,실업,소득	서윤환, 신효선, 박성철	2014	₩12,000
	2014 북한이탈주민 경제활동 동향 - 취업,실업,소득	임순희, 안현민	2015	₩12,000
	2015 북한이탈주민 경제사회통합 실태	윤여상, 임순희	2016	₩17,000
	2016 북한이탈주민 경제사회통합 실태	임순희, 윤인진, 양진아	2017	₩17,000
	2017 북한이탈주민 경제사회통합 실태	임순희, 윤인진, 김슬기	2018	₩17,000
	-2018 북한이탈주민 경제사회통합 실태	임순희, 김석창	2019	₩17,000
	2019 북한이탈주민 경제사회통합 실태	안현민, 김성남	2019	₩17,000
	2020 북한이탈주민 경제사회통합 실태	김성남, 김소원	2020	₩17,000

2021 북한이탈주민 경제사회통합 실태	임순희, 김가영, 성민주	2021	₩17,000
2022 북한이탈주민 경제사회통합 실태	임순희, 성민주, 이경현	2022	₩17,000
2023 북한이탈주민 경제사회통합 실태	임순희, 성민주, 이승엽	2023	₩17,000

북한이탈주민경제활동동향(영문)

2009/2010 Trends in Economic Activities of North Korean Defectors	허선행, 임순희, 서윤환, 이용화	2011	₩15,000
2018 Social and Economic Integration of North Korean Defectors in South Korea	임순희, 김석창	2019	₩17,000

북한인권에 대한 국민인식조사(국문)

북한인권에 대한 국민 인식 조사	윤여상, 임순희	2014	₩15,000
2015 북한인권에 대한 국민 인식 조사	윤여상, 임순희	2015	₩15,000
2016 북한인권에 대한 국민 인식 조사	윤여상, 임순희	2016	₩15,000

	2017 북한인권에 대한 국민 인식 조사	임순희	2018	₩10,000
	2018 북한인권에 대한 국민 인식 조사	윤여상, 임순희	2019	₩10,000
	2019 북한인권에 대한 국민 인식 조사	윤여상, 임순희	2019	₩10,000
	2020 북한인권에 대한 국민 인식 조사	윤여상, 임순희	2020	₩15,000
	2021 북한인권에 대한 국민 인식 조사	윤여상, 임순희, 지성호	2021	비매품
	2022 북한인권에 대한 국민 인식 조사	윤여상, 임순희, 윤기웅	2022	비매품
	2023 북한인권에 대한 국민 인식 조사	윤여상, 서보배	2023	₩20,000
	2024 북한인권에 대한 국민 인식 조사	임순희, 이승엽	2024	₩20,000

▶ 단행본

Are They Telling Us the Truth?	Hiroshi Kato, 김상헌, 윤여상, Tim Peters	2003	¥2,500
북한 정치범수용소 완전통제구역 세상밖으로 나오다	신동혁	2007	₩13,000
서독 잘쯔기터 인권침해 중앙기록보존소	Heiner Sauer, Hans-Otto Plumeyer(이건호 譯)	2008	₩12,000
북한 인권 문헌 분석	윤여상 외	2008	₩20,000
국군포로 문제의 종합적 이해	오경섭, 윤여상, 허선행	2008	₩15,000
북한의 반인도적 범죄에 대한 국제사회의 긴급대응	세계기독연대 (북한인권정보센터 譯)	2011	₩15,000
북한 정치범수용소의 운영체계와 인권실태	윤여상, 이자은, 한선영	2011	₩30,000
북한 구금시설 운영체계와 인권실태	윤여상, 구현자, 김인성, 이지현	2011	₩25,000

	Political Prison Camps in North Korea Today	윤여상, 이자은, 한선영	2011	$20
	Prisoners in North Korea Today	윤여상, 구현자, 김인성, 이지현	2011	$20
	북한인권사건리포트: VICTIMS' VOICES 제1권	북한인권기록보존소	2013	비매품
	北韓人權事件レポート: VICTIMS' VOICES 第1巻	북한인권정보센터	2013	비매품
	North Korean Human Rights Case Report : VICTIMS' VOICES Volume I	북한인권정보센터	2013	비매품
	북한인권사건리포트: VICTIMS' VOICES 제2권	북한인권정보센터	2013	비매품
	北韓人權事件レポート: VICTIMS' VOICES 第2巻	북한인권정보센터	2013	비매품
	North Korean Human Rights Case Report : VICTIMS'VOICES Volume II	북한인권정보센터	2013	비매품
	중국의 탈북자 강제송환과 인권실태	윤여상, 박성철, 임순희	2013	₩20,000

	North Korean Defectors in China - Forced Repatriation and Human Rights Violations -	윤여상, 박성철, 임순희	2014	$20
	Nordkoreanischer Menschenrechtsfallbericht VICTIMS' VOICES	북한인권정보센터	2014	$20
	Cahiers d'observations des droits de l'Homme en Corée du Nord VICTIMS'VOICES	북한인권정보센터	2014	$20
	북한 해외 노동자 현황과 인권실태	윤여상, 이승주	2015	₩17,000
	Human rights and North Korea's Overseas Laborers: Dilemmas and Policy Challenges	윤여상, 이승주	2015	₩17,000
	북한 구금시설 총서: 북한 구금시설 현황과 개선방안	북한인권정보센터	2016	₩10,000
	북한 구금시설 총서:개천 1호 교화소	이승주	2016	₩10,000
	북한 구금시설 총서:강동 4호 교화소	유혜정	2016	₩7,000
	북한 구금시설 총서:함흥 9호 교화소	안현민	2016	₩10,000

	북한 구금시설 총서I:증산 11호 교화소	임순희	2016	₩10,000
	북한 구금시설 총서I:전거리 12호 교화소	김인성	2016	₩10,000
	북한 구금시설 총서I:오로 22호 교화소	서윤환	2016	₩7,000
	2014 유엔 북한인권조사위원회(COI) 보고서 발간 이후 북한 인권 평가보고서 : 북한인권정보센터의 DB 분석을 중심으로	북한인권정보센터	2016	비매품
	An Evaluation Report of the North Korean Human Rights Situation after the 2014 UN Commission on Inquiry Report-Based on an Analysis of NKDB's Database	북한인권정보센터	2016	비매품
	북한 밖의 북한	윤여상, 이승주	2016	₩20,000
	북한 정치범수용소 근무자, 수감자 및 실종자 인명사전	북한인권정보센터	2016	비매품
	North Korean Political Prison Camps A Catalogue of Political Prison Camp Staff, Detainees, and Victims of Enforced Disappearance	북한인권정보센터	2016	비매품

北朝鮮政治犯収容所 勤務者、収監者および失踪者 人名事典	북한인권정보센터	2016	비매품
Campos de Concentración para Prisioneros Políticos Norcoreanos	북한인권정보센터	2016	비매품
러시아 지역 북한 노동자의 근로와 인권 실태	박찬홍	2016	₩20,000
North Korean Overseas Laborers in Russia	박찬홍	2016	₩20,000
The North Korea outside the North Korean State	Yoon Yeo-sang, Lee Seung Ju	2017	$20
유엔인권이사회 제1차 보편적 정례검토와 북한	최선영, 양진아, 이나경, 송한나	2017	₩20,000
The UN Universal Periodic Review and the DPRK	최선영, 양진아, 이나경, 송한나	2017	$20
군복 입은 수감자 북한군 인권 실태 보고서	김인성, 안현민, 송한나	2018	₩15,000
북한 여성 생리 관련 실태-이런 것은 부끄러운 것으로 알아요	안현민, 심진아	2018	비매품

	The State of Menstrual Health of North Korean Women - "Periods are a shameful thing in North Korea"	안현민, 심진아	2018	비매품
	두 번째 기회: 제2차 보편적 정례검토 권고사항의 수용 및 실행에 대한 모니터링	송한나	2019	₩20,000
	UN 지속가능발전목표(SDGs)와 인권의 결합 - SDG 목표3: 건강권을 중심으로	임순희	2019	비매품
	UN Sustainable Development Goals and Human Rights - SDG 3: The Right to Health in North Korea	임순희	2019	비매품
	스토리북 : 나의 세 번째 집	김동주	2019	비매품
	스토리북 : 다시 찾은 인생길	김주희	2019	비매품
	스토리북 : 푸르른 삼각산아	박용석	2019	비매품
	2020 초기 정착 생활 길라잡이	정착지원본부	2020	비매품

	북한 사회주의 대가정의 노동 정책과 세포 가정의 균열: 성역할의 탈가부장적 재구성의 강제와 부부갈등	최선영	2020	비매품
	스토리북 : 내 마음의 보물섬	한나라	2020	비매품
	스토리북 : 까만 가로등	정 진	2020	비매품
	북한의 SDGs와 인권 연계 프로젝트	북한인권정보센터	2021	비매품
	The Human Rights Guide to DPRK's SDGs	북한인권정보센터	2021	비매품
	Democratic People's Republic of Korea 2021 Progress Report on the Implementation of the Sustainable Development Goals	Chad Miller, Hanna Song	2021	비매품
	Prisoners in Military Uniform: Human Rights in the North Korean Military	김인성, 안현민, 송한나, 이승주	2022	$20
	북한의 난제: 인권과 핵안보의 균형	로버트 킹, 신기욱 편집, 북한인권정보센터 옮김	2022	₩30,000

	파놉티콘 사회 속 감시자들: 북한 비사회주의 그루빠 인권침해 실태 및 가해 매커니즘 중심으로	서보배, 성민주, 양수영	2023	비매품
	North Korea's Non-Socialist Group: Inspections, Crackdowns and Human Rights Violations in a Panoptic Society	Bobae Su, Minju Sung, Suyoung Yang	2023	비매품
	닫힌 문 너머: 보위부와 안전부의 명령체계 중심으로	양수영, 성민주, 송한나	2023	₩15,000
	Behind Closed Doors: Mapping the System of Command in the Ministry of State & Social Security	Suyoung Yang, Minju Sung, Hanna Song	2023	$12
	스토리북 : 마지막 항해	이재근	2023	비매품
	스토리북 : 인생의 갈림길	유상혁	2023	비매품
	스토리북 : 삶의 굴곡 한가운데	박순실	2023	비매품

	도록 : 낯선말_표현의 그림자	북한인권정보센터 북한인권박물관건립 추진위원회	2024	비매품
	스토리북 : 어둠속의 불덩어리	이상철	2024	비매품
	스토리북 : 압록강 저 너머	이동일	2024	비매품
	스토리북 : 잊혀진 70년, 우리는 그곳에 있었다	유영복	2024	비매품
	스토리북 : 감나무밭, 작은 집	남상식	2024	비매품
	스토리북 : 두승산 밑 골짜기	한민석	2024	비매품
	세 번째 기회 : 북한 제3차 보편적 정례검토 실행에 대하여	송한나, 옥주연, 윤여상	2024	₩20,000

	Third Time's a Charm? : North Korea's Implementation of Its Recommendations during its Third Universal Periodic Review	Hanna Song, Juyeon Ok, Yeosang Yoon	2024	$20
	스토리북 : 고향으로 향하는 발자국	노만식	2024	비매품
	스토리북 : 흙먼지 길을 지나 별빛 아래로	최상철	2024	비매품
	스토리북 : 남북의 끝마을	박명일	2024	비매품